Beck-Wirtschaftsberater

Zusammenarbeit erfolgreich gestalten

350
1.5.
sich Inhaltsverzeichni
Nachricht c181

Kopien 1. 2–4
3
17 + 1
21 + 1
24 – 26
32
35
46
{ 50 + 51 + 68 – 71
55 – 58
66 – 67
79
83
91
95
97
100
106
101
111
113 + 114
116

123
127 – 133
135
139

dtv

D1727298

Beck-Wirtschaftsberater

Zusammenarbeit erfolgreich gestalten

Eine Anleitung mit Praxisbeispielen

Von Elisabeth Fuchs-Brüninghoff
und Horst Gröner

Deutscher Taschenbuch Verlag

Originalausgabe

August 1999

Redaktionelle Verantwortung: Verlag C. H. Beck, München
Umschlaggestaltung: Agentur 42 (Fuhr & Partner), Mainz
Satz: Fotosatz Otto Gutfreund GmbH, Darmstadt
Druck und Bindung: C. H. Beck'sche Buchdruckerei, Nördlingen
ISBN 3 423 50834 5 (dtv)
ISBN 3 406 45277 9 (C. H. Beck)

Mit diesem Buch können Sie ...

> Vermutlich sind Anregungen nur
> anregend, wenn sie auf innere
> Bereitschaften, auf ein Interesse
> stoßen.
>
> *Wellershoff 1984, 11*

... eine ganze Reihe von Erkenntnissen gewinnen, wie Sie Ihre Zusammenarbeit bewußter und erfolgreich gestalten können. Dies ist ein Thema, das so ganz neu bestimmt nicht ist. Denn über Kommunikation und Kooperation in Unternehmen der Wirtschaft und Verwaltung ist schon viel geschrieben und gesagt worden. Viele Autoren gehen dabei von den Techniken aus, die für die betriebliche Kommunikation und Kooperation eingesetzt werden können, wie z. B. zuhören können, Körpersprache beobachten, Fragen stellen, Besprechungen moderieren und vieles andere mehr. Solche Techniken können hilfreich und unterstützend wirken, wenn, ja **wenn** sie **sinnvoll** eingesetzt werden und vor allem, **wenn** sie zu einem selbst **passen**.

Wir wollen hier einen anderen Weg gehen:
Sie können als Vorgesetzter oder Mitarbeiter **selbst erkennen**,

- was Zusammenarbeit und Kommunikation grundsätzlich ausmacht,
- wo Sie mit Ihren eigenen Fähigkeiten zur Beziehungsgestaltung stehen,
- welches Ihre Beiträge zu sinnvoller Kommunikation und Kooperation sein können,
- wie Sie auf dieser Basis mit Konflikten und Störungen umgehen können, und
- wie sich dies alles in ausgewählten praktischen Beispielen darstellt.

Wir wissen aus eigener Erfahrung, daß dieser Weg nicht immer einfach ist, weil er den Mut zur Selbsterkenntnis, zum „Blick in den Spiegel" verlangt. Aber nur aus dem Wissen um den eigenen Standpunkt heraus ist es möglich, bewußter auf die anderen zuzugehen und in Beziehung mit ihnen zu treten. Hierbei geben wir Hilfen und Anregungen, hierbei wollen wir Sie mit diesem Buch ein Stück auf Ihrem Weg begleiten.

Hintergrund für unsere Überlegungen sind im wesentlichen die Erkenntnisse der tiefenpsychologischen Schule von *Alfred Adler*, dem Begründer der Individualpsychologie. *Adler* hat schon früh herausgefunden und gelehrt, daß jeder von uns vor allem drei Lebensaufgaben zu erfüllen hat: Liebe und Partnerschaft, Arbeit und Beruf, sowie die sozialen Beziehungen in der Gemeinschaft.

So erscheint es uns sinnvoll zu sein, auf dieser Grundlage auch unsere Gedanken zu Kommunikation und Kooperation zu formulieren. Ergänzt haben wir unser Konzept durch Erkenntnisse aus der Kommunikationswissenschaft und der Organisationspsychologie. Aber in der Grundidee bleiben wir dem Menschenbild von *Adler* verbunden. Wir erhoffen uns damit, genau die Blickrichtung aufzeigen zu können, die uns gerade in der heutigen Zeit nötig erscheint und die vielfach verlorengegangen ist: **den Mut zu sich selbst zu finden und daraus den Mut für die sinnvolle Beziehungsgestaltung zu anderen zu entwickeln**.

Viele unserer Überlegungen kommen aus unserer Tätigkeit als Trainer und Trainerin in der Erwachsenenbildung und der betrieblichen Fortbildung. Aus den Diskussionen mit Seminarteilnehmerinnen, aus ihren Vorschlägen und Anregungen stammen manche Weiterentwicklungen unserer Ideen, die sich dann hier niedergeschlagen haben. Wir danken an dieser Stelle allen, die auf ihre Weise direkt oder indirekt mitgeholfen haben, daß dieses Buch entstehen konnte.

Soest und Gotha,   *Elisabeth Fuchs-Brüninghoff*
im Juni 1999   *Horst Gröner*

Inhaltsverzeichnis

1. Zusammenarbeit kritisch betrachten

> In ein und derselben Person
> kann das gleiche Wort zu ver-
> schiedenen Zeiten [...] verschie-
> dene Assoziationsreihen hervor-
> rufen.
>
> *James 1900, 67*

Die Arbeitszufriedenheit der MitarbeiterInnen und die Leistungsfähigkeit des Unternehmens hängen nicht unerheblich davon ab, wie gut die Zusammenarbeit zwischen den einzelnen MitarbeiterInnen in Teams, zwischen Abteilungen und Vorgesetzten
gelingt. Seminare zum Thema „Kommunikation und Kooperation" gehören in vielen Unternehmen zum Standardprogramm der
internen Fortbildung.

1.1 Auffassungen von Zusammenarbeit

Eine häufig vertretene Auffassung auch in Seminaren ist: „Zusammenarbeit, was damit gemeint ist, ist doch klar, oder!?" Bei genauerem Hinsehen wird dann deutlich, daß das Verständnis von
„Zusammenarbeit" gar nicht so einheitlich ist. Jede/r hat eine individuelle Auffassung davon. Es gibt Gemeinsamkeiten, aber auch
viele Unterschiede.

Übung: Falls Sie sich Ihre eigene Auffassung bewußtmachen
möchten (eventuell auch, um sie mit anderen Auffassungen zu
vergleichen), dann nehmen Sie sich ein Blatt Papier und schreiben das Wort „Zusammenarbeit" in die Mitte. Schreiben Sie
dann sternförmig Ihre Ideen und Gedanken an die Enden der
Linien.

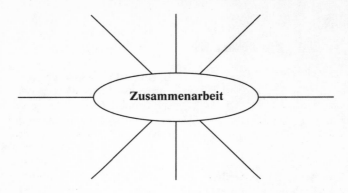

Nennen Sie dann noch ein Adjektiv, das Ihren Arbeitsstil kennzeichnet.

Zum Vergleich finden Sie nachfolgend einige Beispiele von anderen Assoziationensternen.

Arbeitsstil: kooperativ

Arbeitsstil: selbstkritisch, perfektionistisch

Arbeitsstil: pragmatisch

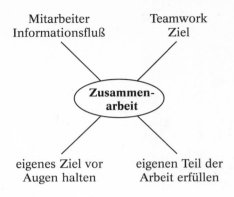

Arbeitsstil: systematisch

   Diese Beispiele zeigen sehr eindrücklich, daß der Begriff Zusammenarbeit bei verschiedenen Personen ganz unterschiedliche Vorstellungen auslöst.

   Es gibt unterschiedlichste Situationen der Zusammenarbeit: Zweiersituationen; Situationen in der Gruppe, im Team, innerhalb der Hierarchie mit Vorgesetzten, mit KollegInnen mit MitarbeiterInnen; Situationen mit Kunden, in Gremien, in Ausschüssen etc. Die individuellen Vorstellungen von Zusammenarbeit sind sicherlich geprägt durch die verschiedenen Arbeitszusammenhänge. Meist wird aber sehr schnell deutlich, daß bei der Zusammenarbeit immer auch personenbezogene Faktoren eine Rolle spielen.

   Insbesondere wollen wir hier nennen:

- Erfahrungen mit der „gleichen Wellenlänge", aber auch mit „fremden Denkweisen", die von der eigenen so verschieden waren, daß man dem Gegenüber kaum folgen konnte.
- Erfahrungen des schnellen Übereinkommens und des langen Miteinander-Ringens, des Sich-Ergänzens, des Staunens über eine ungewöhnliche Idee.
- Erfahrungen der Attraktion und der Ablehnung, der Verunsicherung und Bestätigung.

   Die entscheidende Frage, die sich in diesem Zusammenhang

stellt, ist: Woran liegt es, daß Kommunikation und Zusammenarbeit manchmal auf Anhieb gelingen und ein anderes Mal nur mit Mühe zustande kommen?

1.2 Wahrnehmungen bewußt wahrnehmen

Wahrnehmungen passieren in der Regel in wenigen Sekunden, manchmal sind es auch nur Bruchteile einer Sekunde, und wir reagieren in der aus unserer Sicht richtigen Art und Weise. Im Alltag ist es auch gut so, z. B., wenn wir beim Überqueren einer Straße im Augenwinkel ein Auto wahrnehmen und sofort stehenbleiben oder wenn im Menschengewimmel auf einem belebten Platz jemand nach der Handtasche greift und wir sie ruckartig vorziehen.

Was und wie wir wahrgenommen haben, also welche Wahrnehmung zu welcher Reaktion geführt hat, können wir oft erst im nachhinein beschreiben.

Im Umgang mit Menschen geht es uns manchmal ähnlich. Wir werden einem neuen Kollegen / einer neuen Kollegin vorgestellt, und wir wissen auf Anhieb „Mit dem werde ich gut zusammenarbeiten können." Oder „Die ist mir unsympathisch." Fragt uns dann jemand „warum?", müssen wir erst nachdenken oder brauchen weitere Begegnungen, um sagen zu können, was ihn oder sie sympathisch oder unsympathisch macht. Kommt es mit anderen zum Gespräch über die eigene Einschätzung einer Person, so wird möglicherweise deutlich, daß der Gesprächspartner/ die Gesprächspartnerin den Kollegen ganz anders einschätzt. Aus der selbstverständlichen Einschätzung „Der ist sympathisch.", „Die ist unsympathisch." wird eine individuelle Einschätzung „Der ist **mir** sympathisch." „Die ist **mir** unsympathisch."

Selbstverständliche Einschätzungen sind zunächst nur einem **selbst verständlich**. Ob ein anderer diese Einschätzung teilt, läßt sich erst durch eine Verständigung klären.

Im allgemeinen hält der einzelne seine Wahrnehmung für wahr, geht also davon aus, daß er richtig wahrgenommen hat. Jeder von uns kennt Diskussionen nach einer gemeinsam erlebten Situation, die wie folgt verlaufen: A sagt: „Ein unverschämter Auftritt – das

war Einschüchterung!" B hält dagegen: „Nein, das war selbstbe-
wußtes Auftreten, die weiß, was sie will." Beide sind überzeugt,
daß sie richtig gesehen und gehört haben, und wollen ihr Gegenüber überzeugen bzw. suchen nach Personen, die die eigene
Wahrnehmung bestätigen und zur richtigen Wahrheit machen.

**Wahrnehmungen von anderen Menschen sind immer subjektive
Realität.** Diese Aussage ist banal und unbekannt gleichzeitig.
Würde diese Auffassung von allen geteilt, gäbe es viel weniger zeit-
und energieraubende Auseinandersetzungen um die richtige
Wahrnehmung. Vielmehr ginge es dann darum, den anderen nachvollziehbar zu machen, was man an jemandem wahrgenommen
hat und wie das auf einen wirkt.

Begegnungen zwischen Menschen werden bestimmt durch die
Wirkungen, die die Menschen aufeinander haben. Jemand wirkt
auf mich hektisch, nervös, selbstsicher, gelassen, gelangweilt, konzentriert, abwesend, ängstlich etc. Er oder sie hinterläßt bei mir
einen (mehr oder weniger bleibenden) Eindruck. Ich habe ein in-
neres Bild von hektisch, selbstsicher, ängstlich etc. Mein Gegenüber entspricht diesen meinen Vorstellungen. Ich **mache** mir ein
Bild von ihm.

Wie kommt der einzelne zu seinen Eindrücken? Eigene Werte,
Einstellungen, Motive, Ziele, Vorurteile und Erwartungen bilden
die Folie für die Wahrnehmung des Gegenübers. Sie wirken quasi
wie ein Filter. Dieser Filter entsteht durch Erfahrungen, die wir im
Laufe unseres Lebens machen. Aus den Erfahrungen erwachsen
Auffassungen, z. B. davon, was (für uns) **norm**al ist. Wir gewinnen
eine Vorstellung davon, wer wir sind, was wir können, wir entwickeln ein Selbstverständnis. Wir gewinnen eine Vorstellung davon, wie das Leben funktioniert, wir entwickeln eine Weltauffas-
sung.

Einige dieser Dinge sind uns bewußt, viele wirken unterschwellig, sind uns somit nicht bewußt. Vor diesem Hintergrund
unseres Selbst- und Weltbildes erzeugt das Verhalten anderer
Menschen bei jedem von uns eine Wirkung. Die Wirkung eines
Menschen auf andere Menschen ist niemals identisch, da das Bild,
das wir uns von anderen Menschen machen, geprägt ist durch unsere eigenen Bilder.

Schritte der Wahrnehmung

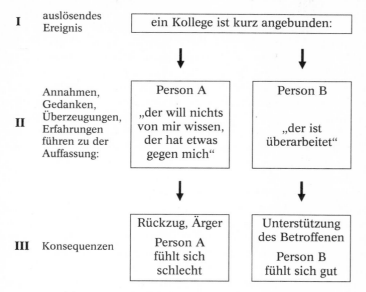

Abb. 1: Zwei Reaktionsweisen auf eine Situation

Die unter II genannten Annahmen, Gedanken, Überzeugungen und Erfahrungen wirken wie Wahrnehmungsmuster, sind Auffassungsschemata. Je mehr ich über sie weiß, je besser ich mich selbst kenne, desto klarer kann ich zwischen mir und dem anderen unterscheiden, desto klarer kann ich **den** anderen, **das** andere erkennen. Selbstverstehen ist demnach eine Voraussetzung für Fremdverstehen.

Im Rahmen des Themas dieses Buches spielt die Kommunikationsgeschichte der Miteinander-Sprechenden eine wichtige Rolle. Sie ist „geprägt von geschlechtsspezifischen, sozialen, regionalen, situativen Mustern, [und] von den während dieser Geschichte freudvoll und leidvoll erlebten kommunikativen Erfolgen und Mißerfolgen, von jenen Verletzungen, die bleibende ‚Kommunikationsnarben‘ hinterlassen haben.“ (*Geißner*, 1998, S. 20)

1.3 Erste Eindrücke und ihre Folgen

Vorurteile sind Wertungen, Einstellungen, die wir gegenüber Personen oder Situationen entwickeln, bevor wir diese genauer kennengelernt haben. Bei der Begegnung mit anderen Menschen und in neuen Situationen wollen wir uns in der Regel möglichst schnell orientieren. Deshalb achten wir auf **Anhaltspunkte**, um zu einem **ersten Eindruck** – einem Vorausurteil – zu kommen, was später bestätigt oder korrigiert werden kann. Dieser Vorgang ist ganz normal. Jeder Mensch ist darauf bedacht, das Neue, Unbekannte mit seinen bisherigen **Erfahrungen** in Verbindung zu bringen, es einzuordnen.

Häufig verfügen wir vor der Begegnung mit einer neuen Person schon bewußt oder unbewußt über Informationen, die uns mit bestimmten positiven oder negativen Erwartungen in die Situation gehen lassen. Es kann sein, daß wir uns vor einer wichtigen Verhandlung im Unternehmen bei KollegInnen umgehört haben, wie sie unsere VerhandlungspartnerInnen einschätzen oder welche Erfahrungen sie bereits mit ihnen gemacht haben. Wir machen uns bewußt ein Bild. Häufig haben wir aber eher diffuse Vorstellungen von dem, wer uns erwartet. Es gab einen Schriftwechsel oder auch Telefonate, die bei uns Vorstellungen ausgelöst haben, die uns in der Regel eher nicht bewußt sind.

Vorurteile sind entweder Auffassungen, die wir von anderen zur Bewältigung neuer Situationen übernehmen, oder schnelle Bewertungen in Anfangssituationen – oft sind es äußere Merkmale, von denen wir auf Eigenschaften von Personen schließen. Was für uns **Anhalts-Punkte** sind, ist subjektiv verschieden (z. B. Kleidung: modisch, konservativ, unauffällig, korrekt, ungewöhnlich; Händedruck; Blickkontakt; Körperhaltung; Haarschnitt). Jeder legt auf etwas anderes Wert und wertet somit auf seiner subjektiven Grundlage.

Der **erste Eindruck** ist meist richtungsweisend für spätere Eindrücke. Die ersten Bilder von anderen Menschen, positive wie negative, prägen sich oft am nachhaltigsten ein. Daß dies eine gängige Auffassung in unserer Gesellschaft ist, können wir daran ablesen, daß in vielen Zusammenhängen darauf geachtet wird, einen guten ersten Eindruck zu machen (z. B. im Bewerbungsgespräch bzw. schon beim Bewerbungsschreiben, beim Erstkontakt beim Kunden). Immer häufiger werden Trainings angeboten unter der Überschrift „Erfolg beim ersten Eindruck durch gezielte Selbst-PR". Der erste Eindruck kann richtig oder falsch sein, ebenso wie der spätere.

Unsere Anhaltspunkte für die erste Einschätzung einer Situation werden stark beeinflußt von unserer Motivationslage, die wir mit der jeweiligen Situation verbinden. Wenn wir uns mit einem Kollegen in einer Konkurrenzsituation befinden, werden wir unser Augenmerk auf andere Dinge lenken, als wenn wir ihn für die Mitarbeit in einem Projekt gewinnen wollen, das uns wichtig ist. Wenn wir unter Zeitdruck sind, weil ein Bericht morgen fertig sein muß, werden wir auf längere Ausführungen einer Kollegin über die Wirkung von Originalität anders reagieren, als wenn wir auf der Suche nach einer zündenden Idee für einen Werbeslogan sind.

Halten wir fest: Was wir an einer Person wahrnehmen und wie wir die Wahrnehmung gewichten, hängt offensichtlich stark an unserer **aktuellen** Motivationslage.

Im Grunde kann man sagen, daß Vorurteile und die eigene Motivationslage die Wirkung von Filtern haben, die bestimmte Effekte durchlassen, vielleicht sogar verstärken, während andere ausgeblendet werden. Diese Filter sollte man sich aber als Aufsätze vor ein Objektiv oder eine Brille denken. Denn neben den **situationsbezogenen Filtern** verfügen wir noch über **grundlegende Wahrnehmungsmuster**. Diese grundlegenden Selektionsmechanismen resultieren aus unseren **Erfahrungen** – als Kind, als Jugendlicher, als Erwachsener. Durch die Bewertung unserer Erfahrungen entwickeln wir ein Selbstbild, ein allgemeines Menschenbild und eine Weltanschauung, die uns nur teilweise bewußt sind, die aber unsere Wahrnehmung grundlegend „steuern" (s. Kap. 3.2).

Der Mensch verfügt über die Eigenart, sowohl Gegenstände als auch Erfahrungen nach Ähnlichkeiten zu sortieren, also in sämtlichen Wahrnehmungen nach dem Typischen zu suchen. Wir kategorisieren unsere Erfahrungen.

Wie wirkt sich dieses Schematisieren aus? Es führt dazu, daß wir neue Situationen und Begegnungen unbewußt mit früheren in

Verbindung bringen und z. B. eine Person, mit der wir heute zusammentreffen, bei uns Gefühle auslöst, die ein zurückliegendes Beziehungsmuster reaktivieren. Die Folge kann sein, daß wir der Person von heute Reaktionen entgegenbringen, die der früheren Beziehung entsprechen und für die neue Situation nicht adäquat sind. Oft handelt es sich dabei um Beziehungserfahrungen aus der Kindheit mit Eltern, Geschwistern, Freunden, Lehrern etc. So kann es sein, daß wir einer neuen Kollegin die Sympathie einer früheren Schulfreundin entgegenbringen, weil etwas in ihrem Verhalten uns unbewußt an die Schulfreundin erinnert. Ebenso kann es sein, daß wir dem neuen Vorgesetzten übermäßig respektvoll entgegentreten, aufgrund unbewußter Ähnlichkeiten mit einem Mathematiklehrer, den wir als Kind nie richtig einschätzen konnten. D. h., wir projizieren unsere früheren Beziehungserfahrungen auf Menschen, denen wir heute begegnen, was die Wahrnehmung dieser Person sehr verzerren kann. Es sind die Bilder in unserem Kopf, es sind die Gefühle und Erfahrungen, die unsere Wahrnehmung beeinflussen und daher zu einem gewissen Grad die Wirklichkeit konstituieren. **Unsere Wahrnehmung ist selektiv – die unseres Gegenübers auch.**

Wozu beschäftigen wir uns mit den Vorurteilen, dem ersten Eindruck und den Wahrnehmungsmustern? Nicht, um sie zu verhindern – der Mensch braucht sie, um seine neuen Eindrücke zu ordnen und sie mit den bisherigen Erfahrungen in Verbindung zu bringen.

Unser Ziel ist ein bewußter Umgang mit ihnen, um dem einzelnen mehr Möglichkeiten zu eröffnen, die Gestaltung von Kommunikations- und Kooperationssituationen nicht mehr so sehr dem unbewußten „Vorwissen" zu überlassen, sondern es aktiv selbst in die Hand zu nehmen.

Unsere folgenden Ausführungen stehen unter der Überschrift:

Selbstverstehen ist Voraussetzung für Fremdverstehen: Je mehr ich über mich weiß, um so eher kann ich meine Eigenart verstehen und Andersartigkeit zulassen.

2. Aspekte der Kommunikation nachvollziehen

> Man kann erst im Anschlußver-
> halten kontrollieren, ob man
> verstanden worden ist; man kann
> aber auch mit einiger Erfahrung
> seine Kommunikation vorher so
> einrichten, daß man erwarten
> kann, verstanden zu werden.
>
> *Luhmann 1994, 199*

Wenn wir das im vorangegangenen Kapitel Dargestellte auf den Arbeitsalltag übertragen, müssen wir zwangsläufig davon ausgehen, daß viele Gespräche mit der eigenen Tendenz zur „Wahrheit" wahrgenommen werden. Dies zeigt sich aber auch dann, wenn wir anderen von unseren Wahrnehmungen berichten wollen. Unsere Schilderungen sind gefärbt, tendenziös, subjektiv, eben aus unserer Sicht wiedergegeben. Und dabei erwarten wir, daß wir von den anderen verstanden werden, so wie wir etwas gesagt haben. Auf diese Weise wird mißverständliche Kommunikation schnell zum Hauptübel für ein schlechtes Arbeitsklima und somit auch Hauptgrund für schlechte Zusammenarbeit. Grundlegende Erkenntnisse über die Kommunikation können daher dazu beitragen, von dieser Seite her Mißverständnisse und Widerstände im Unternehmen abzubauen.

2.1 Der Effekt von Beschreiben und Bewerten

Wem ist dies noch nicht passiert, daß er sich bei einem anderen über eine dritte Person aussprechen wollte und sich dabei total mißverstanden fühlte, wie es der andere aufgenommen hat. Auch ergänzende Erläuterungen verbessern dann das Ergebnis nicht. Manchmal verkehrt sich sogar anfängliches Verständnis des anderen für **unsere** Lage in ein mehr oder weniger starkes Mitfühlen für die **dritte Person**.

Im betrieblichen Alltag finden sich solche Situationen immer wieder. Noch mehr betrifft es die Menschen, wenn sie im Rahmen der betrieblichen Beurteilung ein Bild von sich gezeichnet bekommen, das sie nicht nachvollziehen können und auch bei noch so ausführlichen oder gar ausschweifenden Erklärungen des Vorgesetzten sich mißverstanden fühlen. Auch der Trend in vielen Beurteilungsbögen, kurze Erläuterungen schriftlich festzuhalten, ändert an dieser Tendenz nicht viel.

Offenbar wird hier ein grundlegendes Merkmal einer gelingenden Kommunikation außer acht gelassen, das sich letztendlich nachteilig auf die Zusammenarbeit auswirkt. Was wird hier vermischt, was wird hier vernachlässigt? Dieses Phänomen soll zunächst an einem scheinbar völlig anderen Fall dargestellt werden:

Fallbeispiel: Achim N. war als Fahrer bei der Sparkasse in E. beschäftigt. Zu seinen Aufgaben gehörte der Transport von Unterlagen zu den Filialen seiner Sparkasse; manchmal mußte er auch Sparkassen in anderen Gebieten beliefern, war also auch dort bestimmten Leuten bekannt. Eines Tages wurde er vom Personalleiter einer solchen auswärtigen Sparkasse angesprochen, ob er denn nicht einmal ihre Sparkasse überfallen wolle. N. war empört darüber, wie ihm so etwas zugetraut würde, nein – hieß es – nur übungshalber! Es wäre eine Schulung der Mitarbeiter geplant über das Verhalten bei einem Banküberfall, und dazu bräuchten sie jemand, der ohne Wissen der Mitarbeiter die Sparkasse überfiele, und er, N., wäre gerade der Richtige hierfür. Nach anfänglichem Zögern und mit der Zusicherung, daß ihm keinerlei Nachteile erwachsen würden, erklärte sich N. bereit. Ort und Termin wurden vereinbart, und wie abgesprochen, stand N. maskiert und mit einer Pistole bewaffnet kurz vor Betriebsschluß plötzlich im Schalterraum der Sparkasse, rannte auf die Kasse zu, rief „Dies ist ein Überfall, her mit dem Geld, und zwar schnell" und schob dem Kassier eine Ledertasche zu mit der Aufforderung, alles Bargeld ganz schnell hineinzustecken. Der Kassier (der als einziger in die Aktion eingeweiht war), befolgte die Aufforderung mit fahrigen Bewegungen und übergab dem „Räuber" die Tasche, der sie an sich riß, mit vorgehaltener Pistole aus der Sparkasse stürzte und davonrannte. Als die Mitarbeiter der Sparkasse sich bewußt wurden, was sich hier in Sekundenschnelle abgespielt hatte, und die letzten Kunden verschreckt den Schalterraum verlassen hatten, wur-

den sie auch schon vom Personalleiter in einen Schulungsraum ge-
beten und mit der Frage konfrontiert: „Welche Angaben können
Sie zum Täter machen? Beschreiben Sie dies in kurzen Worten!"
Die Ergebnisse sollte jeder für sich schriftlich festhalten, sie wurden anschließend an einer Tafel aufgelistet:
1. „Der Täter war groß."
2. „Der Täter war mittelgroß."
3. „Er hatte lange schwarze Haare."
4. „Er hatte kurze Haare, über den Ohren waren sie länger."
5. „Er wirkte sehr hektisch."
6. „Er machte einen selbstbewußten Eindruck."
7. „Er kam mit Riesenschritten auf die Kasse zu."
8. „Der Kassier wußte nicht, wie ihm geschah."
9. „Der Täter war mir gleich unsympathisch."
10. „Er hatte eine bedrohliche Ausstrahlung."
    usw. usw.
Nur eine Teilnehmerin sagte:
11. „Das war doch der Fahrer der Sparkasse in E.!"

Als Ergebnis können wir hier erst einmal festhalten, daß die
MitarbeiterInnen sehr unterschiedliche und dabei auch sehr verschiedenartige Wahrnehmungen festgehalten hatten. Was haben
sie wirklich geäußert?

zu 1. Dies ist eine Beschreibung, aber unpräzise, denn „groß"
müßte definiert werden;

zu 2. Dies ist eine Beschreibung, aber ebenfalls unpräzise: was
ist „mittelgroß"?

zu 3. Hier handelt es sich um eine Beschreibung.

zu 4. Auch dies ist eine Beschreibung.

zu 5. Dies ist ein persönlicher Eindruck.

zu 6. Auch dies ist ein persönlicher Eindruck.

zu 7. Hierbei handelt es sich um eine Beschreibung.

zu 8. Hier haben wir es mit einer Interpretation zu tun.

zu 9. Dies ist ebenfalls eine Interpretation, die eine Vermutung
beinhaltet („gleich unsympathisch").

zu 10. Dies ist wieder ein persönlicher Eindruck.

zu 11. Diese Teilnehmerin erkennt die Person und nennt ihre
Funktion.

Offenbar gehen einige dieser „Beobachtungen" über das hinaus, was wir tatsächlich sehen oder hören, also beobachten können: wir nehmen Stellung zu diesen Eindrücken, wir **bewerten** sie, sagen also, was sie für uns **bedeuten**.

Beobachten heißt, selbst zu sehen und/oder zu hören. Wenn diese Beobachtung in Worte gefaßt wird, haben wir die Beschreibung einer Situation oder eines Vorganges. Dies wird um so schwieriger und um so mehrdeutiger, je mehr es sich um Verhalten von Menschen handelt. Mit Verhalten bezeichnen wir alles Handeln und Unterlassen, mit dem eine Person auf sie zukommende Situationen bewältigt. Da jeder eine eigene Meinung davon hat, wie Situationen zu bewältigen sind oder wären, wird er mit dieser Meinung die Handlungen des anderen beobachten und wiedergeben. Für das, was eine Person als hektisch bezeichnet, wird eine andere Person zielstrebig sagen oder geradlinig. Beide deuten aus ihrer Perspektive heraus; sie werten, sie beschreiben aber nicht. Beschreibungen sind damit für alle, die etwas beobachten, in gleicher Weise nachvollziehbar; alle verstehen dasselbe darunter, haben dasselbe Bild vor Augen. Um auf das vorhin angeführte Fallbeispiel zurückzukommen, könnten wir also beispielsweise

statt hektisch	→ bewegt seine Arme ununterbrochen von links nach rechts und wieder zurück;
statt selbstbewußt	→ gibt klare Anweisungen, was die Anwesenden zu tun haben;
statt bedrohlich	→ preßt seine Lippen zusammen/hält eine Waffe in der Hand.

sagen, um die Beobachtungen zu beschreiben und nicht zu deuten, also zu bewerten. Dieses Beschreiben wird um so wichtiger, je mehr es, wie im Fall der betrieblichen Beurteilung dazu führen soll, Verhalten zu bewerten und Konsequenzen für Mitarbeiter und Vorgesetzte daraus abzuleiten: Bereits in vielen Unternehmen wird aufgrund der betrieblichen Beurteilung die Gehaltseinstufung vorgenommen. Daneben wird im betrieblichen Alltag auch sehr häufig in informellen Gesprächen bewertet: „Unmöglich, wie Frau Meier sich heute wieder angezogen hat!" oder: „Der Müller hat den Huber ganz schön fertiggemacht!" Wir sagen, **wie** wir etwas erlebt haben, anstatt **was** wir gesehen oder gehört haben; wir bewerten sofort, anstatt erst einmal die Situation zu beschreiben.

> **Übung:** Bitte prüfen Sie selbst, bei welchen der folgenden Formulierungen es sich um beschriebene Beobachtungen handelt, und bei welchen es sich um Deutungen, d. h. persönliche, wertende Stellungnahmen handelt[1]:

Vorgang: Der/Die Mitarbeiter/in ...	1 = Beschreibung 2 = Bewertung
– kennt das Arbeitszeitgesetz in- und auswendig;	
– fragt nach;	
– wirkt am Telefon unsicher;	
– ist sehr unselbständig;	
– schaut einen beim Grüßen nicht an;	
– geht mit Mitarbeitern anderer Abteilungen zu Tisch;	
– arbeitet locker und gelöst;	
– macht sich beim Telefonieren Notizen;	
– ist in einer Besprechung nicht bei der Sache;	
– gibt Informationen von sich aus weiter, ohne Aufforderung;	
– erstellt sich einen täglichen Arbeitsplan;	
– entwickelt Eigeninitiative;	
– nimmt an außerbetrieblichen Aktivitäten der Arbeitsgruppe teil;	
– ist unkollegial;	
– erledigt Aufgaben nach Terminvorgabe;	
– stützt den Kopf auf;	
– äußert sich nur bei direkter Ansprache;	
– formuliert unpräzise;	
– schlägt in Arbeitshandbüchern nach.	

---

[1] Zur Auflösung siehe Seite 16 unten

Um es noch einmal deutlich zu sagen: es spricht nichts dagegen, zu beobachteten Situationen wertend Stellung zu nehmen, z. B. dann, wenn wir „Luft ablassen" wollen. Wenn wir dagegen für andere nachvollziehbar machen wollen, wie wir zu unserer Bewertung kommen, ist es erforderlich, die beobachtete Situation zu beschreiben. In ein solches beschriebenes Bild kann der andere gleichsam mit einsteigen, so als wenn er die Situation selbst beobachtet hätte. Die Bewertung gibt dem anderen die eigene Stellungnahme wieder, die eigene innere Reaktion.

„Ich habe . . . gesehen/gehört und das hat auf mich . . . gewirkt."

Bewertungen alleine machen die eigenen erlebten Gefühle oder Deutungen zu scheinbaren „Wahrheiten". Aus einem subjektiven Eindruck wird eine objektive Tatsache, ohne daß dem so sein muß. Aber nur was wirklich meßbar ist, bleibt objektiv, d. h. sachlich. Im Verhaltensbereich sind dies aber auf den ersten Blick die wenigsten Bewertungen. Wir alle haben, wie zuvor geschildert, die unterschiedlichsten Maßstäbe für das „richtige" Handeln. Auch wenn wir von angemessenem Verhalten sprechen, verwenden wir mit dem Wort „angemessen" den Begriff „Messen", also ein bestimmtes Maß, aber wieder aus unserer Perspektive.

Fallbeispiel: Als der Gruppenleiter G. in der Antragsabteilung einer Versicherung bemerkt, daß sein Mitarbeiter M. Anträge auf seinem Schreibtisch mehr und mehr stapelt, anstatt sie abzuarbeiten, geht er auf ihn zu und sagt: „Mein Lieber, bei Ihnen läuft wohl nichts mehr? Sie scheinen ja alle Lust am Arbeiten verloren zu haben!"

Wir haben es hier mit einer typischen Bewertung zu tun, bei der sich die Frage stellt, was G. mit seinen Aussagen meint, was er damit sagen will. Was hat er beobachtet, daß er zu diesem Urteil kommt? Bleiben diese wertenden Aussagen so im Raume stehen, entsteht die große Gefahr, daß M. sich entweder sofort zu verteidigen versucht („Mein Chef versteht mich nicht – das lasse ich mir nicht bieten") oder aber sich innerlich zurückzieht („Mein Chef versteht mich nicht – da hilft sowieso nichts mehr"). Hätte G. aber gesagt: „Lieber M., ich sehe, die Berge auf Ihrem Schreibtisch wer-

Auflösung zu S. 15: 2/1/2/2/1/1/2/1/2/1/1/2/1/2/1/1/1

den immer mehr und immer höher im Vergleich zu letzter Woche, das muß doch einen Grund haben!?", könnte M. sagen: „Haben Sie eigentlich bemerkt, wie es dazu kam?" und beide könnten sich über die Situation verständigen.

Sofortige Bewertung führt zu Kampf oder Rückzug, weil sich der so Behandelte falsch gesehen, falsch beurteilt und damit ganz leicht auch verletzt fühlt. Kommunikation auf der beschreibenden, sachlichen Ebene läßt den anderen mitkommen und läßt ihn nachvollziehen, woher die eigene Einschätzung kommt.

Schulz von Thun (1981, S. 30) hat diesen Vorgang erweitert und vier Seiten einer Nachricht zwischen den Gesprächspartnern, also einem Sender und einem Empfänger der Nachricht, formuliert:

**Die vier unterschiedlichen Seiten
einer Nachricht:**

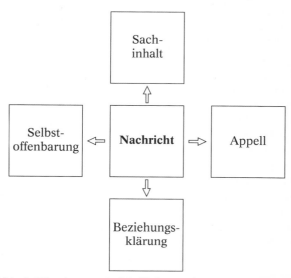

Abb. 2: Die vier unterschiedlichen Seiten einer Nachricht
(nach *Schulz von Thun*)

Die Seiten beinhalten im einzelnen folgendes:

1. Sachinhalt: Der eine Gesprächspartner beschreibt, was er sieht oder hört. Im Beispiel vorhin könnte es die Aussage sein: „Die Berge auf Ihrem Schreibtisch werden immer mehr und immer höher im Vergleich zu letzter Woche."

2. Selbstoffenbarung: Der Gesprächspartner sagt dem anderen, wie das Beobachtete auf ihn wirkt, er teilt seine Bewertung mit. Er gibt in der Ich-Form, als Ich-Botschaft kund, was es mit ihm macht. Dies bedeutet einerseits ein Stück Selbstdarstellung („Ich kann Ihre Situation einschätzen") , aber auch möglicherweise eine Selbstenthüllung („Ich mache mir Sorgen um Sie").

3. Beziehung: Der Gesprächspartner macht klar, was er vom anderen hält, in welcher Beziehung er zu ihm steht, also beispielsweise: „Das muß doch einen Grund haben!?!" Darin steckt die Botschaft: „Ich traue Ihnen zu, daß Sie Ihre Arbeit schaffen." In dem ausgedrückten Vertrauen wird angedeutet: „Wir können doch wohl über solche kritischen Dinge sprechen?" Aus den Ich-Botschaften werden Du- oder Wir-Botschaften, die eine Klarstellung bedeuten können, wie der Gesprächspartner seine Beziehung zum anderen sieht.

4. Appell: Der Gesprächspartner möchte den anderen dazu bringen, etwas zu tun oder zu unterlassen, aber auch an seiner Einstellung etwas bewirken: „Bitte sagen Sie mir doch, wie es zu dieser Situation gekommen ist!"

Wenn es gelingt, auf diese Weise Unausgesprochenes sichtbar oder erlebbar zu machen, es an die Oberfläche zu bringen, „kann eine gemeinsame Wirklichkeitskonstruktion in der tagtäglichen Arbeit zum Tragen kommen" (*Brühwiler* 1996, S. 20). Die Menschen müssen sich entwickeln können, wie ihre Arbeitsumgebung auch. Also gilt es, seine eigene Situation anzuschauen, im Gespräch mit den anderen zu analysieren und daraus Konsequenzen zu ziehen. „Situationsklärung heißt, aus möglichst vielen Blickwinkeln, Positionen und durch verschiedene Brillen ein Bild der Ist-Situation entwerfen und Vorstellungen möglicher Veränderungsrichtungen offenlegen" (*Brühwiler* 1996, S. 25). Führt man die Aussagen von *Schulz von Thun* und *Brühwiler* zusammen, läßt sich für die vier Seiten einer Nachricht und dem, was daraus für die Klärung einer Situation werden sollte, sagen:

1. Die Beschreibung der **Sachinhalte** richtet sich auf das Gewesene (Vergangenheit);
2. Die Bewertung in der **Selbstoffenbarung** führt in die Welt der Werte und Ziele (Maßstäbe);
3. Die Analyse der **Beziehung** erhellt das Verhältnis zwischen den Personen (Wertschätzung);
4. Die Äußerung eines **Appells** richtet sich auf weiteres Handeln (Zukunft).

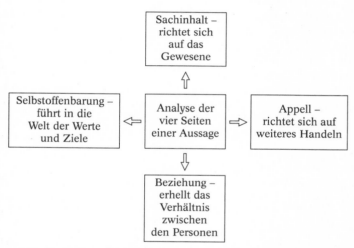

Abb. 3: Analyse der vier Seiten einer Aussage im Sinne einer Situationsklärung

Erst das klare Auseinanderhalten von Beschreibungen und den folgenden Bewertungen auf den verschiedensten Ebenen schafft die Voraussetzung dafür, daß in einer Kommunikation Fortschritte erzielt und Machtkämpfe um irgendeine subjektive „Wahrheit" vermieden werden.

2.2 Gestaltungsmöglichkeiten der Kommunikation

Zielstellung für jedes Unternehmen, für jede Organisation ist die möglichst reibungslose und konstruktive Zusammenarbeit der in ihr tätigen Menschen im Hinblick auf das jeweilige Unternehmensziel. Dazu ist es notwendig, daß Informationen ausgetauscht oder kommuniziert werden. Die Menschen treten in Interaktion zueinander, um auf dieses Ziel hin zu kooperieren.

Kommunikation ist die Beziehung zwischen Menschen, die das Ziel haben, sich gegenseitig verständlich zu machen. Informationsgeber (Sender), Kommunikationsweg und Informationsnehmer (Empfänger) sind die daran Beteiligten; bei Fehlen eines dieser Elemente kommt keine Kommunikation zustande.

Es gibt viele Möglichkeiten, die unterschiedlichsten Kommunikationswege zu beschreiben und aufzugliedern. Eine davon ist die folgende, die sich an einen Vorschlag von *Neuhäuser-Metternich* (1994, S. 17) anlehnt:

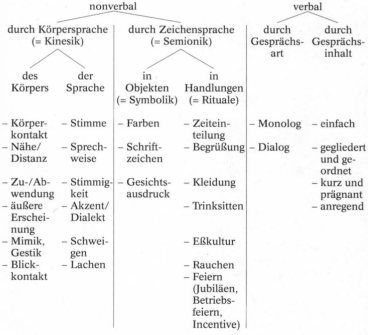

Abb. 4: Kommunikationswege

Kommunikation kann sich auf vorgegebenen, geplanten Wegen vollziehen (formale Kommunikation) oder ungeplant, nicht gesteuert ablaufen (informale Kommunikation). Im letzten Kapitel (2.1) haben wir gesehen, wie wichtig beim „richtigen" Informieren das Beschreiben ist, wie unterschiedlich eine Nachricht von den Beteiligten wahrgenommen und verarbeitet werden kann. Das Wissen um diese Vorgänge ist sowohl für die formale als auch die informale Kommunikation wichtig.

Wenn eine Information an den Empfänger geht, ohne daß er dazu Stellung nehmen kann oder seine Reaktion keine Rolle spielt, spricht man von Einweg-Kommunikation. Anweisungen, Rundschreiben, Verträge oder Vorträge und Reden sind Beispiele für eine solche Einweg-Kommunikation. Die Information geht an den Empfänger ohne irgendwelche erwartete oder erwünschte Antwort, aber in der Hoffnung, daß die Information vom Empfänger verarbeitet und aufgegriffen wird.

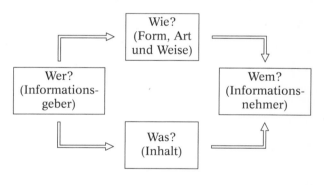

= eigene Ausgangssituation:
eigene (Vor-)Kenntnisse,
Wünsche, Ziele, Absichten

= fremde Ausgangssituation (Adressaten):
Vorkenntnisse,
Wünsche, Ziele

Abb. 5: Aspekte der Einwegkommunikation (Kommunikationsweg I)

Einweg-Kommunikation gibt es auch in anderen Situationen des Arbeitsalltags, wo eigentlich Zweiweg-Kommunikation angesagt wäre:

Fallbeispiel: Der Vorgesetzte ruft seinen Mitarbeiter zu sich und sagt: „Hier haben Sie die Vorlage zurück, die Sie mir auf den Tisch gelegt haben. Nein, das ist wirklich nichts, was Sie da zusammengestellt haben. Sie wissen ja, wir hatten anderes besprochen. Ich erwarte von Ihnen bis morgen Mittag eine überarbeitete Fassung. Und jetzt lassen Sie mich bitte alleine, ich muß dringend telefonieren."

Der Mitarbeiter muß sich wie ein kleiner Junge behandelt fühlen, oder wie wir oft sagen: „Im Regen stehengelassen". Keine Gelegenheit zum Nachfragen, zur Stellungnahme, geschweige denn zur Äußerung seiner Gefühle oder seines möglichen Ärgers.

Die Zweiweg-Kommunikation finden wir bei Rückfragen, in Gesprächen oder Diskussionen. Je mehr die Vielschichtigkeit einer Information zwischen den Beteiligten deutlich werden kann, um so besser kann sie von ihnen auch nachvollzogen werden. Dies gelingt in aller Regel aber nur in der Zweiweg-Kommunikation, in der ein Informationsgeber vom Informationsnehmer der Nachricht eine Rückmeldung (Feedback[1]) darüber bekommt, ob und wenn ja wie die Nachricht bei ihm angekommen ist.

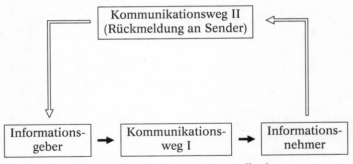

Abb. 6: Rückmeldung als 2. Kommunikationsweg

---

1 Das Thema „Feedback" wird ausführlich im Kapitel 4 behandelt. Dort werden auch weitere Bedeutungsvarianten dieses Begriffes erläutert.

Rückmeldung wird zu einem Schlüsselbegriff in der zwischenmenschlichen Kommunikation, weil der Sender die Wirkung seiner Kommunikation erfährt.

Fallbeispiel: Das Gespräch vorhin hätte beispielsweise so verlaufen können:

Vorgesetzter: „Ich gebe Ihnen die Vorlage zurück, die Sie mir vorbereitet haben. Es reicht noch nicht, was Sie mir zusammengestellt haben. Meines Erachtens hatten wir anderes besprochen."

Mitarbeiter: „Welche Punkte gefallen Ihnen denn nicht? Ich habe noch folgendes in Erinnerung, was wir besprochen hatten: ..."

Vorgesetzter: „Nein, das habe ich mir anders vorgestellt, nämlich daß Sie auf alle Fälle noch XY in Ihrer Vorlage berücksichtigen!"

Mitarbeiter: „Darin sehe ich keine Schwierigkeiten, das kann ich mit einbauen."

Vorgesetzter: „Gut, dann lassen Sie uns doch noch mal kurz gemeinsam durchgehen, was die wesentlichen Punkte in der Vorlage sein sollten!"

Um konstruktiv miteinander zu kommunizieren, müssen beide Gesprächspartner in der Lage sein, sowohl auf den anderen einzugehen als auch den eigenen Standpunkt nachvollziehbar zu machen:

- es kommt darauf an, die Gesprächssituation zu reflektieren: **„Was ist hier gelaufen? Wie sind wir miteinander umgegangen?"**
- es ist wichtig, das eigene Verhalten zu reflektieren: **„Wie habe ich mich in die Situation einbringen können? Wie habe ich mich in der Situation erlebt?"**

Kommunikationsfähigkeit wird heute in Unternehmen als ein wesentliches Element sozialer Kompetenz betrachtet. In diesem Zusammenhang ist es wichtig, sich über kommunikationsfördernde Maßnahmen und kommunikationshemmende Faktoren bewußt zu werden. Erst dann sind wir auf dem Weg von der Kommunikation zu echter Kooperation.

Fördernde Reaktionsweisen vermitteln nach *Höpfner* (1991, S. 64) dem Gesprächspartner,

- daß seine Gefühle und Gedanken verstanden, nicht-wertend gehört und aufgenommen werden;
- daß der andere aktiv, engagiert und am Gespräch beteiligt ist;
- daß der andere sich selbst offen mit seinen eigenen Gedanken und Gefühlen in das Gespräch einbringt.

Kommunikation	
wird gefördert durch:	**Beispiele:**
1. eigene Vorbereitung	– Gesprächsziel erläutern – Thema vorbereiten und klar darstellen
2. angenehmes Umfeld	– sich Zeit nehmen – Störungen (Telefon, Besucher) unterbinden
3. aktives Zuhören	– ausreden lassen – den anderen anschauen, ohne ihn zu fixieren – durch Körpersprache Zuwendung signalisieren
4. Interpretieren	– mit eigenen Worten wiederholen, um sicher zu sein, den anderen richtig verstanden zu haben
5. Verbalisieren von Gefühlseindrücken	– die herausgehörten Gefühle des anderen mitteilen – auf den gefühlsmäßigen Inhalt eingehen
6. Überprüfen der Wahrnehmung	– dem andern sagen, wie sein Verhalten erlebt wird
7. Informationssuche	– mit offenen Fragen den Sachverhalt präzisieren
8. Mitteilen eigener Gefühle	– die eigenen Gefühle im Hinblick auf ein Problem, einen Sachverhalt äußern – offenlegen, wie man selbst darüber denkt und fühlt und wie es auf einen selbst wirkt

Abb. 7: Kommunikationsfördernde Verhaltensweisen

Dagegen zeigen (nach *Höpfner* 1991, S.65) hindernde oder hemmende Reaktionsweisen dem Gesprächspartner,

- daß er Gefühle nicht haben und nicht äußern dürfte, d.h. sie werden ihm „genommen";
- daß er unterlegen und bedeutungslos ist;
- daß ihm der andere nicht zutraut, mit den übermittelten Reaktionen allein und selbständig eine Lösung zu finden.

Die unten aufgeführten Kommunikationssperren geben einen Überblick, wie schnell und variantenreich Kommunikation erschwert, eingeschränkt, gestört oder unterbrochen werden kann. Auch wenn einiges durchaus positiv gemeint sein kann, kommt es sehr darauf an, was es im anderen auslöst: jemand einschränken, abwerten und „klein halten" steht eben in Kontrast zu gleichwertigem Verhalten, bei dem der andere auch ernst genommen wird oder sich ernst genommen fühlt.

Kommunikation	
wird gehemmt durch:	**Beispiele:**
1. Zurückhalten von Informationen	– sich nicht vorbereiten – eigenes Wissen nicht weitergeben – den anderen im unklaren lassen
2. Streß im Umfeld	– laufende Störungen, Unterbrechungen zulassen – Gespräch unter Zeitdruck, „zwischen Tür und Angel" führen
3. Desinteresse	– das Thema wechseln ohne Erklärung – keinen Blickkontakt pflegen, sich körperlich abwenden
4. Belehrungen	– dem anderen besserwisserisch sagen, welche Motive hinter seinem Handeln stehen – Monologe halten
5. Ratschläge und Überredungen	– mit Rezepten und eigenen Lösungen kommen

Kommunikation	
wird gehemmt durch:	**Beispiele:**
	– eigene Erfahrungen und Auffassungen als richtig darstellen und überstülpen
6. Urteilen und Vorwürfe machen	– dem anderen die Berechtigung absprechen, so zu denken und zu fühlen – sein Verhalten als undankbar, töricht, etc. hinstellen
7. Moralisieren und predigen	– dem anderen sagen, was „man" zu tun hat – ihm Schuld- oder Minderwertigkeitsgefühle vermitteln – nur negative Kritik äußern
8. Benutzen früherer Äußerungen als Machtmittel	– anvertraute Informationen gegen den anderen verwenden – mit den früheren Aussagen logisch austricksen

Abb. 8: Kommunikationshemmende Verhaltensweisen

Wie wir gesehen haben, kommt der Kommunikation als Bindeglied zwischen einzelnen Menschen (den Sendern und Empfängern von Informationen) eine überragende Bedeutung zu. Aber: wenn Menschen in Unternehmen oder anderen Organisationen zusammenarbeiten sollen, als Mitarbeiter und/oder Vorgesetzte, dann setzt diese Zielgröße „Kooperation" Menschen voraus, die bestimmte Anforderungen erfüllen. Eine ganze Reihe von Einzelqualifikationen aus den Bereichen Fach-, Methoden-, Personal- und Sozialkompetenz wird benötigt, um diesem Anspruch von „Zusammen-Arbeit" gerecht werden zu können. Auf der Basis einer Beschreibung von *Antoch* (1981, S. 118) läßt sich sagen:

Wir sprechen immer dann von gelungener Kooperation, wenn

1. es sich um eine gegenseitig abgestimmte,
2. im Sinne der so gewollten angestrebten Verständigung erfolgreiche zwischenmenschliche Aktion handelt,
3. in der mit der Bereitschaft zu eigenen Beiträgen

4. auf ein für alle Beteiligte erreichbares Ziel hin
5. miteinander gehandelt, d. h. etwas hergestellt oder verändert wird.
6. In dieser Interaktion muß nicht jeder die gleiche Aufgabe wahrnehmen, sich aber doch zumindest von der Möglichkeit her in die Rolle des anderen hineinversetzen können.

Zur Fachkompetenz gehören das Wissen und Können, das der einzelne durch seine Beiträge einfließen läßt (3). Methodenkompetenz wird in der Formulierung eines für alle erreichbaren Zieles deutlich (4). In der gewollten Verständigung (2), in der Selbstsicherheit, Beiträge zu leisten (3), in der Fähigkeit, sich in andere hineinzuversetzen (6), zeigt sich die Personalkompetenz eines Menschen. Die Sozialkompetenz kommt in gegenseitig abgestimmten zwischenmenschlichen Aktionen (1, 2), in dem Miteinander- und nicht Gegeneinanderhandeln (5) und in der Wahrnehmung unterschiedlicher Rollen (6) zum Tragen.

Letzteres bedeutet ein Verständnis für die Notwendigkeit, › daß es durchaus verschiedene Aufgaben in einer kooperativen Situation geben kann, mit verschiedenen Arten, sie auch zu erledigen. Ein Mitarbeiter, ein Vorgesetzter muß und darf erleben, daß er seine eigene Art in jede Form von Zusammenarbeit einbringt. Gleiches gilt dann auch für den anderen: auch er darf in seiner Eigen-Art die jeweils notwendigen Aufgaben gestalten. So gesehen setzt Kooperation das Wissen und Verstehen um diese möglichen Eigen-Arten voraus, um über den Weg der kommunizierten Informationen zu konstruktiver Zusammenarbeit zu gelangen.

Erst dann kann der Weg von der Information über die Kommunikation zur Kooperation erfolgreich gegangen werden.

3. Den eigenen Standpunkt bestimmen

> Das Einmalige des Individuums
> läßt sich nicht in eine kurze
> Formel fassen, allgemeine
> Regeln, wie sie auch die von mir
> geschaffene Individualpsycholo-
> gie aufstellt, sollen nicht mehr
> sein als Hilfsmittel.
>
> *Adler (1933) 1973, 22*

Das Selbstbild beeinflußt sehr stark die Qualität unserer Beziehungen, und zwar in allen Lebensaufgaben – am Arbeitsplatz, in
privaten und gesellschaftlichen Zusammenhängen. Um die Möglichkeiten der Beziehungsgestaltung bewußt zu erweitern, brauchen wir neben allgemeiner Kommunikationsfähigkeit ein hohes
Maß an Selbstkenntnis. Wir sollten wissen, wo wir selbst stehen,
wie und warum wir die Dinge unter einem ganz bestimmten Blickwinkel sehen, welche eigene „Persönlichkeit" wir in Beziehungen
mitbringen.

Um das Verständnis für die eigene Person zu erhöhen, bieten
wir in diesem Kapitel als Spiegel für das Selbsterkennen ein Kate-
goriensystem an, das wir „Persönlichkeitsprägungen" nennen. Es
ist eine von vielen Möglichkeiten, Menschen und ihre Hand-
lungsweisen zu verstehen. Wir haben sie hier gewählt, weil sie sich
zum Verständnis der Zusammenarbeit am Arbeitsplatz als besonders praktisch erwiesen hat.

3.1 Bestimmungsfaktoren für das Selbstbild und die Weltsicht

Die von *Alfred Adler* begründete Individualpsychologie ist ein
Denksystem, mit dem das Verhalten von Menschen verstanden
werden kann. Die Individualpsychologie ist eine Sozialpsycholo-
gie. Sie sieht den Menschen als eine funktionierende Ganzheit,
die die Aufgabe bewältigen muß, mit anderen Menschen auf dem

Planeten Erde zusammenzuleben. (Zur theoretischen Entwicklung der Individualpsychologie und zu ihrer Geschichte vgl. u. a.
Brunner/Titze 1995 und vor allem *Bruder-Bezzel* 1999.)

Der Mensch ist ein Individuum [in dividuum (latein.) = nicht
teilbar] und ein soziales Wesen. „Mensch sein,... heißt Teil des
Ganzen [der Gemeinschaft] sein, sich als Teil des Ganzen fühlen"
(*Adler* 1930/1974, 16). Laut *Adler* kann man das Verhalten eines
Menschen nur verstehen, wenn man ihn als individuelle Einheit
innerhalb seiner sozialen Bezüge betrachtet. Das Verhalten des
Menschen wird bestimmt durch seine **Wahrnehmung** und seine
Ziele. Die Wahrnehmung und das damit verbundene Bewegungs-
gesetz bilden den grundlegenden Filter dafür, wie der Mensch sich
und die Außenwelt sieht. Dabei geht *Adler* davon aus, daß „jedes
Individuum... seit frühester Kindheit sein eigenes, einmaliges Be-
wegungsgesetz [hat], das alle seine Funktionen und Ausdrucksbe-
wegungen beherrscht und ihnen die Richtung gibt...Die Richtung
der seelischen Bewegung zielt immer auf eine...verschiedene
Überwindung von Schwierigkeiten aller Art, hat also ein Ziel der
Vollkommenheit, der Sicherheit, der Vollendung, stets im Sinne
und in der Meinung des Individuums." (*Adler* 1935/1983 b, 33 f.).
Die Individualpsychologen nennen dieses Bewegungsgesetz auch
„Lebensstil".

„Es ist für mich außer Zweifel, daß jeder sich im Leben so verhält, als ob er über seine Kraft und über seine Fähigkeiten eine
ganz bestimmte Meinung hätte... daß sein Verhalten seiner Meinung entspringt." (*Adler* 1933/1973, 25)

Wie kommt der einzelne nun zu dieser seiner Meinung? „Die
ersten vier bis fünf Jahre genügen wohl dem Kinde, sein eigentlich-
willkürliches Training gegenüber seinen Eindrücken zu vervoll-
ständigen. Diese Eindrücke fließen ihm aus seiner Wertigkeit,
auch aus den von außen stammenden Erregungen zu." (*Adler*
1930/1974, 12) Die Individualpsychologie geht davon aus, daß
das Kind alle Erfahrungen, die es macht, mittels einer angebore-
nen „schöpferischen Kraft" dahingehend auswertet, ob sie posi-
tiv/ angenehm oder negativ/unangenehm für es selbst sind. Jeder
Mensch hat bis zum Alter von 5–6 Jahren sein subjektives Bewer-
tungsschema in Form einer Gesetzmäßigkeit, dem Lebensstil,
ausgebildet.

Um die Bewertung „zu erleichtern, werden Regeln, Prinzipien, Charakterzüge und Weltanschauung gefertigt. Ein ganz bestimmtes Schema der Apperzeption setzt sich durch, Schlußfolgerungen und Aktionen werden in voller Übereinstimmung mit der idealen Endform, die erstrebt wird, eingeleitet. Was sich im Bewußtsein als störungslos und gleichlaufend erweist, wird dort festgehalten. Anderes wird vergessen, entkräftet, oder wirkt als unbewußte Schablone, mehr als sonst der Kritik sowie dem Verständnis entzogen." (ebenda)

Unsere in der Kindheit gewonnenen Wahrnehmungsmuster wirken über das Jugendalter bis hinein ins Erwachsenenalter. Sie werden durch spätere Ereignisse verstärkt, variiert bzw. durch einschneidende Erlebnisse auch verändert. „Wir sehen den Lebensstil in Abhängigkeit von bestimmten Umweltbedingungen, und unsere Aufgabe besteht nun darin, seine genaue Beziehung zu den vorhandenen Umständen zu analysieren, dabei den Gedanken im Auge behaltend, daß die Psyche sich mit den jeweiligen Umweltänderungen wandelt." (*Adler* 1929/1978, 53)

Bei der Auseinandersetzung mit den Sichtweisen eines Menschen ist es wichtig, sich dessen bewußt zu sein, daß es sich um **subjektive** Anschauungen handelt, die der einzelne von den Tatsachen des Lebens gewonnen hat. Eine Vorstellung, eine Auffassung einer Tatsache ist niemals gleichzusetzen mit der Tatsache selber. D. h., auch wenn wir in derselben „Tatsachenwelt" leben, gewinnen wir jeweils unsere subjektive Auffassung von ihr und kommen folglich zu unterschiedlichen Handlungskonsequenzen.

Die individuelle Selbst- und Weltsicht wird in erster Linie erworben im Zusammenleben mit der engeren sozialen Gruppe Familie, die ihrerseits wieder geprägt wird von dem gesellschaftlichen Umfeld, in dem sie lebt. In Anlehnung an *Wexberg* (1987, 89 ff.) sehen wir im wesentlichen sechs Faktoren, die im primären Meinungsbildungsprozeß der ersten sechs Lebensjahre eine Rolle spielen.

Wie die einzelnen Faktoren wirken, läßt sich nicht vorhersagen, da jeder Mensch zu ihnen subjektiv Stellung nimmt. Wir können nur im nachhinein, wenn wir den Lebensstil, das Bewegungsgesetz eines Menschen verstehen wollen, mit ihm seine Erfahrungen in diesen Zuammenhängen beleuchten. Darüber können wir dann

nachvollziehen, welche Auffassung er von sich selbst, den Mitmenschen und seiner (Um-)Welt gewonnen hat.

„In jedem Fall ist es klar, daß die ‚Meinung' dem Weltbild eines
Menschen zugrunde liegt und sein Denken, Fühlen, Wollen und
Handeln bestimmt." (*Adler* 1933/1973, 32)

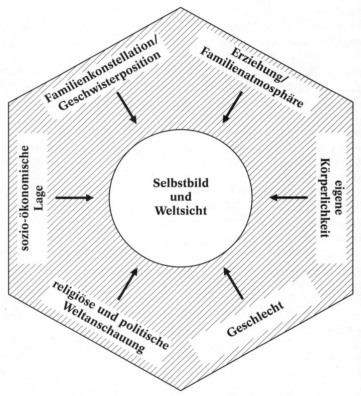

Abb. 9: Einflußfaktoren auf Selbstbild und Weltsicht

Wie lassen sich nun diese Einflußfaktoren beschreiben?

1. **Eigene Körperlichkeit**: Ein Kind kann gesund, krank oder
mit einer Behinderung geboren werden und aufwachsen. In Rela-

tion zur eigenen Körperlichkeit wird es eine Einschätzung für seine Möglichkeiten, in die Welt zu gehen, entwickeln. Dabei ist es wichtig zu beachten, daß es keine Kausalitäten gibt. D. h., bei einem Kind kann eine Sehbehinderung zu einer sehr begrenzten „Weltbegehung" führen, während ein anderes Kind durch starkes Kompensationsverhalten genau in Verbindung mit diesem „Körperbereich" besondere Fähigkeiten entwickelt.

2. **Geschlecht**: Das Geschlecht „männlich" oder „weiblich" ist ein stark wirkender Faktor bei der frühen Meinungsbildung. Mit dem Geschlecht sind von vornherein bestimmte Rollen verbunden – in der Familie, in der Gesellschaft. Das Kind erlebt sehr früh, wie seine Umgebung mit ihm in dieser seiner Geschlechterrolle umgeht.

3. **Religiöse und politische Weltanschauung**: Über die religiöse und politische Anschauung in der Familie wird die Zugehörigkeit oder das Ausgeschlossensein zu bestimmten Gruppen bestimmt. Das Kind kann erleben, daß es zu einer Minderheit oder Mehrheit gehört und wie sich dies für seinen Alltag auswirkt.

4. **Sozio-ökonomische Lage**: Von der Zugehörigkeit zu einer bestimmten sozialen Schicht gehen psychologische Auswirkungen aus. Schulische Karrieren sind immer noch nicht losgelöst davon zu sehen. Es geht auch um die Bedeutung des Geldes, die Wege, wie man es erlangt, z. B. über Arbeit, aus Kapital oder bei Arbeitslosigkeit als staatliche Unterstützung. Möglicherweise wird auch Eigentum ein Thema, Grund und Boden, über den die Familie verfügt, den sie gegen andere abgrenzen kann, oder öffentliche Flächen, die als einziger Raum für Spiel und Bewegung zur Verfügung stehen.

5. **Familienkonstellation und Geschwisterposition**: Die Zusammensetzung der Familie kann sehr unterschiedlich sein: sind beide Eltern vorhanden, ist ein Elternteil alleinerziehend, leben Großeltern mit im Haus, gibt es nach Trennungen neue Partner und möglicherweise mehrere Teilfamilien, ist die kleinste soziale Gruppe nicht die Familie, sondern eine Wohngemeinschaft, eine Pflegefamilie oder ein Heim? Gibt es Geschwister, wie viele, auf welcher Position wurde man geboren, z. B. als Ältester, als Mittlerer, als Jüngster, als Einzelkind? Wie ist der Altersabstand, wie die Geschlechterverteilung?

6. **Erziehung, Familienatmosphäre**: Über die Erziehung wirken die in der Familie geltenden Werte und Normen direkt auf das Kind. An ihnen sind in der Regel die Erziehungsprinzipien orientiert (elterliche Autorität oder kindliche Freiheit, Selbständigkeit oder Bevormundung, Leistung, Moral, Ehrgeiz, Belohnung oder Bestrafung, Ordnung, Sauberkeit, Zärtlichkeit, Körperkontakt etc.).

Die Atmosphäre selbst kann offen, eng, behütend, vernachlässigend, deprimierend, kalt, erdrückend, langweilig, partnerschaftlich, anregend etc. sein.

Diese Faktoren sind hier zwar einzeln und nacheinander aufgeführt und beschrieben. Sie beeinflussen sich in der Realität aber gegenseitig.

Darüber hinaus ist das System der familiären Bestimmungsfaktoren eingebunden in einen größeren Zusammenhang. Es ist geprägt bzw. beeinflußt vom gesellschaftlichen und politischen System, von Kultur und Sprache, wissenschaftlichen Erkenntnissen und technischen Entwicklungen, der historischen Zeit und der geographischen Region.

Im Grunde genommen kann jedes Element im Umfeld der familiären Faktoren zum Gesamtsystem, aber auch zu den einzelnen Faktoren in Beziehung gesetzt werden.

Letztlich sind dann noch beide Systeme in den nächstgrößeren, den kosmischen Zusammenhang zu stellen."Nach dem Sinn des Lebens zu fragen hat nur Wert und Bedeutung, wenn man das Bezugssystem Mensch–Kosmos im Auge hat. Es ist dabei leicht einzusehen, daß der Kosmos in dieser Bezogenheit eine formende Kraft besitzt. Der Kosmos ist sozusagen der Vater alles Lebenden. Und alles Leben ist ständig im Ringen begriffen, um den Anforderungen des Kosmos zu genügen." (*Adler* 1933/1973, 162) Diese Zeilen schrieb *Adler* 1933. Dabei sagt er über den Menschen, daß er „ein Streben, einen Drang, ein Sichentwickeln" in sich hat. Die wissenschaftlichen Entwicklungen der letzten Jahrzehnte wie z. B. Raumfahrt, Physik, Genforschung, zeigen deutlich, daß der Mensch sein Weltbild dahingehend verändert hat, daß er nicht nur die Erde, sondern auch den Kosmos als seinen Nutzungsraum betrachtet. Große Naturkatastrophen werfen in diesem Zusammenhang regelmäßig die Frage auf: Ist unser Umgang mit den Lebens-Ressourcen noch richtig?

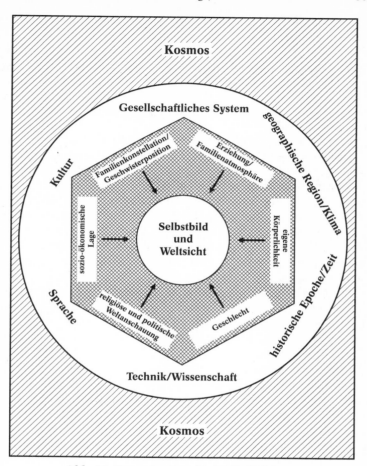

Abb. 10: Gesamtsystem der Einflußfaktoren

Nichtsdestotrotz ist die Aussage von *Adler* aus dem Jahr 1931 noch hochaktuell: „Wir sind durch den Sinn, den wir unseren Erfahrungen geben, selbst-bestimmt; dieser Sinn aber ist wahrscheinlich immer irgendwie fehlerhaft, wenn wir bestimmte vereinzelte Erfahrungen zur Grundlage unseres künftigen Handelns machen. Der Sinn ist nicht durch eine bestimmte Lage festgelegt, sondern wir legen uns selber fest durch den Sinn, den wir den Lagen geben." (*Adler* 1931/1979, 21)

Die Gefahr des vorschnellen Verallgemeinerns einzelner Erfahrungen begleitet uns ständig. Darüber hinaus bringen wir neue Situationen mit ähnlichen früher erlebten Situationen zusammen, ohne daß wir es merken. Wir reagieren dann nicht auf die aktuelle konkrete Situation bzw. Person, sondern bringen ihr Reaktionsweisen entgegen, die an anderen Personen und früheren Situationen erlebt und orientiert sind.

„Wir alle machen Fehler, doch entscheidend ist, daß wir sie korrigieren können." (*Adler* 1929/1978, 17) Wie geht dieses Korrigieren vonstatten?

- **Wahrnehmungen sind subjektive Auffassungen von Personen und Situationen.** Daher können wir sie nicht einfach für **wahr** nehmen, sondern müssen sie als unsere Sichtweise betrachten, die es je nach Situation zu überprüfen gilt. Überprüfen in diesem Zusammenhang heißt,
  – beim Gegenüber nachfragen, ob das von uns Verstandene dem Gemeinten entspricht.
  – bei anderen an der Situation Beteiligten nachfragen, ob sie unsere Sichtweise teilen oder ob sie anderes wahrgenommen haben.
- **Unser Selbst- und Weltbild fungiert als Wahrnehmungsfilter.** Die Kenntnis des eigenen Filters reduziert das Tendenziöse in der Wahrnehmung. D. h., je mehr ich über meine Ziele, Ängste, Handlungsimpulse weiß, um so deutlicher kann ich nachvollziehen, **daß** ich und **wie** ich Erlebtes bewerte. Bis zu einem gewissen Grad kann ich diesen meinen Filter über Auseinandersetzungen mit der eigenen Person und angeleitete Selbstreflexion (wie z. B. in diesem Buch) erfassen.
Die biographische Gewordenheit meines Wahrnehmungsfilters und mögliche Irrtümer in der Stellungnahme bzw. Sinngebung

kann ich allerdings nur über eine systematische Selbstreflexion nachvollziehen, wie sie im Rahmen von intensiven Fortbildungen, Beratung und Coaching möglich ist.

3.2 Zur Entstehung von Typologien

Es war schon immer der Versuch von Menschen, Ähnlichkeiten im Verhalten zu „Typologien" zusammenzustellen. Bereits in der Antike befaßte sich der griechische Arzt *Hippokrates* mit dem Zusammenhang von Körperbau und Temperament, indem er den Typus des „hinfälligen" Schwindsüchtigen von dem des „aufgeregten" Schlaganfallgefährdeten unterschied (zitiert nach *Titze/ Gröner* 1989, 30). Der römische Arzt *Galen* entwickelte diese Typenlehre weiter zu den auch uns noch bekannten Temperamentstypen, wie sie auch mehrfach von *Adler* aufgegriffen und besprochen wurden, z. B. auf die folgende Art und Weise (*Adler* 1927/1966, 162 f.):

- **Sanguiniker:** „Unter einem Sanguiniker versteht man einen Menschen, der eine gewisse Lebenslust aufweist, die Dinge nicht allzu schwer nimmt, sich, wie man sagt, nicht leicht graue Haare wachsen läßt und versucht, allem die schönste und angenehmste Seite abzugewinnen, der bei traurigen Anlässen wohl traurig ist, aber nicht zusammenbricht, bei freudigen Ereignissen wohl einen Genuß empfindet, aber doch nicht in Überraschung gerät. Eine ausführliche Schilderung dieser Menschen ergibt nichts anderes, als daß sie die ungefähr gesunden Leute sind, bei denen sich schädliche Einschläge größeren Grades nicht vorfinden. Von den anderen drei Typen können wir das letztere nicht behaupten."

- **Choleriker:** „Der Choleriker ist in einem alten dichterischen Gleichnis so dargestellt, daß er einen Stein, der seinen Lauf hindert, wutentbrannt zur Seite schleudert, während der Sanguiniker gemächlich über ihn hinwegschreitet. In die Sprache der Individualpsychologie übersetzt, ist der Choleriker derjenige, dessen Streben nach Macht so angespannt ist, daß er immer große Bewegungen machen muß, Kraftleistungen produziert und in geradlinig-aggressivem Vorgehen alles überrennen will. Früher hat man dieses Temperament mit der Galle in Verbindung gebracht und von einem galligen Temperament gesprochen. Auch heute spricht man noch von Menschen, denen die ‚Galle übergeht'. In Wirklichkeit sind das aber die Menschen mit den großen Bewegungen, wie man sie schon in der frühen Kindheit findet, die ein Kraftgefühl nicht nur haben, sondern es auch ausleben lassen und es demonstrieren wollen."

- **Melancholiker:** „Der Melancholiker macht schon einen anderen Eindruck. In dem erwähnten Gleichnis wird er ungefähr dargestellt als ein Mensch, dem beim Anblick dieses Steines ‚alle seine Sünden einfallen', der in traurige Erwägungen verfällt und wieder zurückgeht. Die Individualpsychologie sieht in diesem Typus den ausgesprochen zögernden Menschen, der sich nicht zutraut, Schwierigkeiten zu überwinden und vorwärtszukommen, sondern mit größter Vorsicht seine weiteren Schritte einleitet, lieber stehenbleibt oder umkehrt als etwas zu riskieren. Also ein Mensch, bei dem der Zweifel das Übergewicht gewinnt, er meist geneigt ist, mehr an sich als an die anderen zu denken, so daß dieser Typus für die großen Möglichkeiten des Lebens keine Anknüpfungspunkte besitzt. Er ist durch seine eigenen Sorgen so bedrückt, daß sein Blick nur rückwärts oder nach innen gerichtet ist."

- **Phlegmatiker:** „Phlegmatiker nun scheint durchwegs jener zu sein, der dem Leben fremd ist, Eindrücke sammelt, ohne daraus besondere Konsequenzen zu ziehen, auf den nichts mehr Eindruck macht, den nichts sonderlich interessiert, der auch keine besonderen Kraftanstrengungen macht, kurz, der ebenfalls die Zusammenhänge mit dem Leben nicht hat und dem Leben vielleicht am entferntesten gegenübersteht."

Eine weitere bekannte Typologie stellt die von *Kretschmer* (1977) dar, in der aufgrund von zahlreichen Untersuchungsreihen ein Zusammenhang zwischen dem Körperbau und seiner Persönlichkeit, also seiner lebensstil-typischen Art, hergestellt wird. Insofern nimmt sie auch Bezug zu der oben erwähnten antiken Typenlehre. *Titze/Gröner* (1989, 34 ff.) kennzeichnen die jeweiligen Eigenarten so:

- **Der leptosome (schmalwüchsige) Typ:** Er wirkt oft unproportioniert, da er in der Regel lang aufgeschossen und zu mager ist.

Nicht selten besitzt er ein schmales Gesicht mit scharfer Nase, schmale Schultern mit langen Armen und einen flachen Brustkorb. Er weist schmale Hände, eine eher blasse Hautfarbe und eine spärliche Körperbehaarung auf. Diese Menschen neigen zu einer typisch in sich gekehrten, introvertierten Lebenshaltung, durchaus mit Gefühlsempfindungen, die für Außenstehende aber nicht immer leicht verstehbar sind. In ihrem Gemeinschaftsleben erweisen sie sich als zurückhaltend. Sie grenzen sich gegenüber der Umwelt gerne ab, um sich konsequent in ihrer eigenen Welt einzurichten. Als Denker und Theoretiker verlassen sie sich auf ihre Vernunft und nicht so sehr auf intuitive, gefühlsmäßige Fähigkeiten; allein der vernünftige Geist ist überschaubar, berechenbar und kontrollierbar.

- **Der pyknische Typ:** Er wirkt rundwüchsig, beleibt und neigt zum Fettansatz. Menschen von diesem Typ sind in der Regel mittelgroß, ihre Gestalt ist gedrungen, das Gesicht weich und breit, der Hals kurz und massiv. Sie wirken weltoffen und aufgeschlossen und können den Augenblick genießen, sofern sie nicht gerade tieftraurig sind, was sich auch schnell abwechseln kann. Der typische Pykniker ist aufgeschlossen, gesellig, gemütlich-gutherzig. Als mehr extrovertierter Mensch steht er voll im Leben und packt die Dinge realistisch, aber auch humorvoll an. Dadurch wird er auch angreifbar als jemand, der sich Vorwürfe und Schuldzuweisungen der Umwelt sehr zu Herzen nimmt, der auch auf Verlust oder Trennung von nahestehenden Menschen mit tiefer Trauer reagiert. Die (scheinbare) eigene Unvollkommenheit verleitet sie dazu, damit auch die „Schuld" für Unzulänglichkeiten in Beziehungen eher bei sich als bei den anderen zu suchen.

- **Der athletische Typ:** Er besitzt eine mittlere bis überdurchschnittlich hohe Körpergröße, einen umfangreichen Brustkorb, breite Schultern und einen stabilen, starken Knochenbau. Durch das schnell mögliche Wachstum des Muskelgewebes erhält der Körper leicht eine markante, plastische Form, die eckig und kantig wirkt. In Miene, Gebärde und Gang erweisen sich Athletiker eher als bedächtig. Sie lassen sich nicht so schnell aus der Ruhe bringen, sind im Umgang mit anderen Menschen dafür auch als schlicht und wortkarg zu bezeichnen. Durch das frühe Erleben der körperlichen Durchsetzungsmöglichkeiten im Vergleich zu Gleichaltrigen war eine Rücksichtnahme auf zwischenmenschliche Beziehungen und eine damit verbundene Selbstkontrolle nicht so sehr nötig. Es kann sich hier also ein Lebensstil entwickeln, der von einer gewissen Sturheit und mangelhaftem mitmenschlichen Einfühlungsvermögen geprägt ist.

Typologien sind also „Strukturierungen von Mengen von Elementen nach ihrer subjektiv oder über geeignete Maße ermittelten Ähnlichkeiten in Untermengen (Typen). Typenbildungen finden sich sowohl im wissenschaftlichen als auch im alltäglichen Bereich." (*Rogner* 1995, 510)

Neben den vorher erwähnten Typologien aus der Antike von *Hippokrates* und *Galen* und aus dem beginnenden 20. Jahrhundert von *Ernst Kretschmer* gibt es eine große Menge weiterer Typologien; allein bis 1970 wurden 1170 Autoren erfaßt, die solche Versuche unternahmen (siehe *Ruttkowski* 1974).

Es mag ein Zufall sein, daß sich in diesen und anderen Typologien ähnliche Aussagen bzw. Beschreibungen wiederholen. Dies wird sehr wahrscheinlich damit zu tun haben, daß sich – wie oben dargestellt – in der menschlichen Entwicklung bestimmte Eigenschaften und Eigenheiten herausbilden, die zwangsläufig dann unter den verschiedensten Bezeichnungen immer wieder in eigene „typologische Systeme" gefaßt werden.

Alfred Adler hat vier typische Grundmuster des Verhaltens beschrieben, sozusagen als eine Typologie der Stellungnahmen zu den Lebensproblemen. Er hat sie mit den Dimensionen Gemeinschaftsgefühl und Aktivitätsgrad zu kennzeichnen versucht (*Adler* 1935/1983 a, 72):

„Wenn wir uns ansehen, wie Individuen der Wirklichkeit entgegentreten, so finden wir einige, die – von der frühen Kindheit angefangen – das ganze Leben hindurch eine mehr oder weniger dominierende oder **herrschende** Haltung an den Tag legen, die in all ihren zwischenmenschlichen Verhältnissen erscheint. Ein zweiter Typ, sicherlich derjenige, der am häufigsten auftritt, erwartet alles von anderen und stützt sich auf andere. Er könnte der **nehmende** Typ genannt werden. Ein dritter Typ neigt dazu, sich durch das Vermeiden der Lösung der Probleme erfolgreich zu fühlen. Anstatt mit einem Problem zu kämpfen, versucht ein Mensch dieses Typs, ihm bloß **aus dem Weg zu gehen**. Dadurch versucht er eine Niederlage zu vermeiden. Der vierte Typ schließlich kämpft in mehr oder weniger starkem Maße, um diese Probleme in irgendeiner Weise **nützlich für andere** zu lösen. (Hervorhebung durch Verf.)

Jeder dieser Typen behält seinen Stil von Kindheit an bis zum Ende seines Lebens bei, es sei denn, der Betreffende wurde von dem Fehler in der Schöpfung seiner Stellungnahme zur Wirklichkeit überzeugt. Wie ich schon früher gesagt habe, ist der Stil die eigene Schöpfung des Kindes, das Vererbung und Eindrücke aus der Umwelt als Bausteine verwendet, mit denen es seine besondere Straße zum Erfolg baut – Erfolg, wie es ihn selbst versteht."

„Die Grundsätze, die mich leiten, wenn ich Individuen diesen vier Typen zuordne, sind zum einen der Grad der Annäherung an andere, ihre soziale Integration (der Grad des Gemeinschaftsgefühls, Anm. der Verf.), und zum anderen die Bewegungsform, die sie entwickeln (mit mehr oder weniger Aktivität), um den Grad der Annäherung in einer Weise aufrechtzuerhalten, die sie für die beste halten, um Erfolg (ihrer eigenen Auslegung gemäß) zu erzielen." (ebenda, 73)

In der betrieblichen Fortbildung haben die nachstehenden Typologien – mit unterschiedlichem Gewicht – Bedeutung erlangt:

* *Rolf W. Schirm* formulierte Strukturen der Persönlichkeit mit Hilfe eines Struktogramms®. Er kam zu einem Blautyp (Bedürfnis nach Distanz), einem Grüntyp (Bedürfnis nach Kontakt) und einem Rottyp (Bedürfnis nach Dominanz), wobei es ihm wichtig war, daß das ganze Struktogramm die unverwechselbare, individuelle Persönlichkeit zeigt, in der alle drei Komponenten zusammenwirken (*Schirm* 1982, 26).

* *Ned Herrmann* definierte Denk- und Verhaltensweisen als eine Kombination von vier unterschiedlichen Ichs (*Herrmann* 1997, 22, 38): Das rationale Ich denkt logisch, analysiert Fakten, verarbeitet Zahlen; das sicherheitsbedürftige Ich plant genau, organisiert und prüft; das fühlende Ich ist menschenbezogen, gefühlsbetont, expressiv; das experimentelle Ich ist phantasievoll und konzeptionell, denkt ganzheitlich. Basis für die hier seit 1977 entwickelte Methode sind die in den einzelnen Gehirnfunktionen (linke/rechte zerebrale Hemisphäre, linke/rechte

Hälfte des limbischen Systems) angelegten Denkstrukturen, die dem Menschen eine relative Vorliebe oder Ablehnung für einzelne der geschilderten Aspekte erlauben. So bilden sich entsprechend unterschiedliche Persönlichkeiten heraus.

- *Friedbert Gay* veröffentlichte 1990 das Persönlichkeitsprofil „DISG", das wiederum auf Arbeiten der Amerikaner *William Marston* und *John Geier* aufbaut (*Gay* 1997, 9). In den vier Persönlichkeitsaspekten dominant, initiativ, stetig und gewissenhaft spiegeln sich grundsätzliche Verhaltensstile wider, die in jeder Persönlichkeit vorhanden sind. Je nach Stärke der einzelnen Aspekte entsteht ein zweidimensionales Profil, das einen Menschen als mehr oder weniger aufgaben- oder menschorientiert sowie eher offensiv/extrovertiert oder defensiv/introvertiert kennzeichnet.

- *Fritz Riemann* (1982, 7 ff) geht in seinen „Grundformen der Angst" davon aus, daß Angst immer dann und dort auftritt, wo wir uns in einer Situation befinden, der wir nicht oder noch nicht gewachsen sind. Sie kommt am ehesten ins Bewußtsein, wenn unsere Entwicklung wichtige Phasen durchläuft, wo neue Aufgaben zu bewältigen, Wandlungen fällig und die dabei aufkommenden Ängste zu überwinden sind. Den Ängsten stellt *Riemann* Grundimpulse des Daseins gegenüber:
  1. Angst vor Ich-Verlust – Grundimpuls: ein einmaliges Individuum werden; Streben nach Selbstbewahrung und Unabhängigkeit.
  2. Angst vor Selbstwerdung – Grundimpuls: sich der Welt, dem Leben und den Mitmenschen vertrauend öffnen; Streben nach Selbsthingabe und Zugehörigkeit.
  3. Angst vor Wandlung – Grundimpuls: in die Zukunft planen und zielstrebig sein; Streben nach Dauer und Sicherheit.
  4. Angst vor Endgültigkeit – Grundimpuls: Veränderungen und Entwicklungen bejahen; Streben nach Wandlung und Risiko.

Jeder, der diese vier Grundimpulse ausgewogen leben kann, kann als seelisch gesund gelten. Dies bedeutet auch, daß er sich mit den vier Grundformen der Angst auseinandergesetzt hat. Werden diese jedoch zu einseitig oder zu extrem gelebt, entstehen die neurotischen Varianten der Strukturtypen, nämlich das schizoide, das depressive, das zwanghafte und das hysterische Verhalten.

Es ist an dieser Stelle hervorzuheben, daß *Riemann* (1982, 18) seine Typologie als weniger fatalistisch und endgültig festlegend versteht als z. B. die Konstitutionstypologie *Kretschmers.* Für Riemann kommt es auf die Einstellung, auf ein bestimmtes Verhalten zur Welt und zum Leben an, was letztlich jemand in seiner Persönlichkeit prägt. Darin und auch in seinen inhaltlichen Erläuterungen sehen wir eine große Nähe zu unserer Auffassung von den „Prägungen" und ihrer Entstehung, wie wir sie im folgenden beschreiben wollen.

3.3 Zur Bedeutung von Prägungen

Übung: Vorab ein Hinweis: Wenn Sie unvoreingenommen sich selbst ein Stück kennenlernen wollen, dann empfehlen wir Ihnen, an dieser Stelle den Fragebogen von Seite 69 auszufüllen. Legen Sie ihn dann beiseite, wir werden später auf die Auswertung und die möglichen Ergebnisse ausführlich eingehen.

Der schon in der Frühzeit eines Menschen sich entwickelnde und entwickelte Lebensstil ist, wie wir in den vorangegangenen Abschnitten gesehen haben, immer sehr individuell, er gehört diesem und zu diesem Menschen. Es ist daher unmöglich, Menschen so miteinander zu vergleichen, daß man sie – weil sie gleich oder ähnlich sind – sozusagen in eine Schublade stecken kann. *Adler* meint hierzu, daß die Natur so reich an Formen sei und die möglichen Reize, Triebe und Fehler so zahlreich seien, daß zwei Menschen unmöglich genau identisch sein könnten. Insofern äußert er sich sehr skeptisch über Versuche, Menschen mit ähnlichem Verhalten in Typologien zusammenzufassen, schränkt diese seine Skepsis aber doch auch in gewissem Maße wieder ein: „Wenn wir also von Typen sprechen, dann sehen wir darin nur ein intellektuelles Hilfsmittel, um die Ähnlichkeiten unter Individuen erkennbarer und verständlicher zu machen." (*Adler* 1929/1978, 55)

Grundsätzlich wird die menschliche Entwicklung beeinflußt durch ein Zusammenspiel von Erbanlagen und Umwelteinflüssen

(Abbildung 11). Die rein biologischen Erbanlagen stehen in einer ständigen Wechselwirkung zu den Einflüssen aus der natürlichen Umwelt (z. B. Landschaft, Klima), der künstlichen Umwelt (z. B. Stadtteil, Gebäude) und der menschlichen Umwelt (z. B. Familie, Geschwister). Aus beidem gestaltet der Mensch dank seiner „schöpferischen Kraft" (*Adler* 1933/1973, 56) sein individuelles Leben. Der menschliche Organismus ist also von Natur aus dazu bereit, seinen Aktionsradius wahrzunehmen, auszuweiten und in ihm entsprechend zu handeln. Außerdem können wir – sozusagen als bewegliches organisches System – auf bestimmte soziale und kulturelle Bezüge um uns herum reagieren.

Der Mensch wird als hilfloses, versorgungsbedürftiges Wesen geboren. Auf diese biologische Geburt folgt die psychische, als ein sich langsam entfaltender Vorgang (*Mahler* 1997, 13). Jeder Mensch durchläuft dabei in dieser seiner Entwicklung Phasen, in denen er unterschiedlichen Aufgaben gegenübersteht bzw. in denen er erst in der Lage ist, bestimmte Aufgaben zu übernehmen. „Der Schlüssel zum Verständnis des Erwachsenen liegt in seiner Kindheit", sagt man in psychologischen Kreisen so ganz allge-

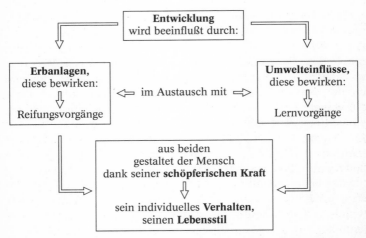

Abb. 11: Entwicklung als Zusammenspiel von Anlage und Umwelt
(nach *Gröner* 1991, 71)

mein. Dies bedeutet anders ausgedrückt, daß wir aus der Vitalität und Erlebnisdynamik unseres Anfanges heraus existieren (*Janus* 1993, 129): „Jeder neue Lebenshorizont ist eine Aufhebung des früheren und gleichzeitig eine verwandelnde Wiederkehr. Die Vitalität des vorgeburtlichen Kindes kehrt als Vitalität und Lebenselan des Säuglings zurück, um dann wieder in der Daseinsfreude des Kleinkindes und Kindes aufgehoben und erneuert zu sein. Jede Lebensebene hat ihre spezifischen Ausdrucksformen und Beziehungs- und Befriedigungsmöglichkeiten."

Diese Entwicklung wollen wir in einem Modell veranschaulichen (Abbildung 12), das auf Überlegungen der Psychoanalyse aufbaut. Hier wird in einer zeitlichen Abfolge dargestellt, welche Erlebnisse und Entwicklungen ein Kind durchläuft. Die eigentlichen Prägungen erfolgen in gewissen Zeiträumen. Und doch hat jede der Prägungsphasen vor- und nachgelagerte Zeiten, in denen diese Entwicklungen anlaufen bzw. noch weitergehen, aber nicht mehr eben in diesem starken Maß. Wie in vielen Fällen derartiger Darstellungen kann es sich auch hier nur um allgemeine Aussagen handeln, die sozusagen „im Durchschnitt" gelten; einzelne individuelle Entwicklungen können selbstverständlich davon abweichen. Bei den Erläuterungen folgen wir im wesentlichen den Beschreibungen von *Schwarz* (1987), *Janus* (1993) und *Mahler* (1997):

Die pränatale Phase (6. – 9. Monat vor der Geburt): Entgegen einer durchaus auch heute noch verbreiteten Meinung kann das Kind im Mutterleib vor der Geburt („pränatal") nicht nur wahrgenommen werden, sondern selbst wahrnehmen und empfinden. Ohne auf weitere Einzelheiten zu sehr einzugehen, möchten wir doch einige Ergebnisse der pränatalen Forschung erwähnen. So weist *Janus* darauf hin, daß ab dem 4. Monat der Schwangerschaft mimische Bewegungen und dann auch gleich regelmäßige Atembewegungen beobachtbar sind. Ab dem 6. Monat besteht die Möglichkeit zu schreien und zu komplexen Bewegungsmustern, zu dieser Zeit sind auch Gehör, Geschmack, Sehen, Druck-, Schmerz- und Kälteempfindungen entwickelt. Das vorgeburtliche Kind reagiert intensiv insbesondere auf klassische Musik. Auf zu laute Geräusche reagiert es mit Pulsfrequenzerhöhung. Gleiches läßt sich bei starken Gefühlsregungen der Mutter beobachten. Ins-

Phase:	prä-natal	I	II	III	IV
Phasenverlauf (Schwerpunkte, Parallelität, Gleichzeitigkeit)		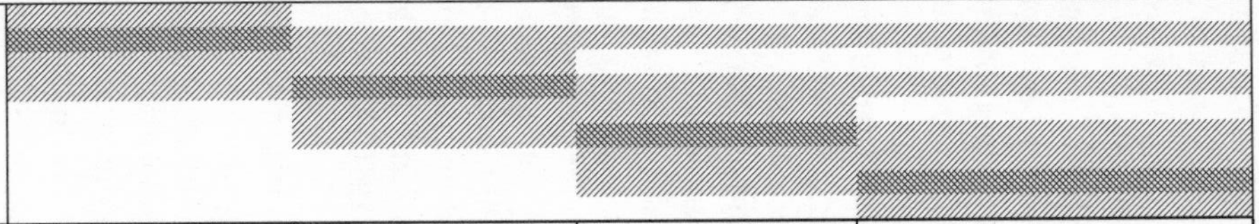			
Zeitraster:		1. Lebensjahr	1. – 2. Lebensjahr	2. – 4. Lebensjahr	3. – 6. Lebensjahr
Grundunterschied:		Kind – Erwachsener	Gruppe – Einzelner	Lebende – Tote	Frauen – Männer
Grundproblematik:		Wie gewinne ich meine Identität? Wie grenze ich mich ab?	Leide ich eher unter zuviel oder zuwenig Nähe zu anderen Menschen?	Gerate ich mehr in innerliche Schwierigkeiten, wenn Ordnung verletzt werden soll oder wenn sie eingehalten werden muß?	Wie ordne ich mich als Frau/als Mann in die Welt ein? Kann ich Realitäten, Gegebenheiten akzeptieren oder orientiere ich mich stärker an meinen Wünschen und Phantasien?
Ziel:		Unverwechselbarkeit	Nähe, Bedeutung	Autonomie durch Ordnung	Anerkennung als Frau/Mann
Konflikt entsteht, wenn folgendes durch (...) bedroht ist:		Freiheit des ICH (Einengung)	Geborgenheit im DU (fehlende Nähe)	Freiheit gegenüber anderen ICHs (fehlende Regeln)	Geborgenheit in Freiheit (Beziehung ohne Freiraum)
positive Entwicklungen		sich spüren können, selbstbewußt sein, allein sein können	Beziehungsfähigkeit, bitten können, Gefühl – Mitgefühl	verläßlich, Kontinuität, Frustrationstoleranz	Kreativität, Expressivität, unkonventionell, Bewußtsein der Geschlechterrolle

Abb. 12: Phasenmodell zur Entwicklung der Persönlichkeitsprägungen

besondere die Streßhormone der Mutter werden an den Fötus weitergegeben (*Janus* 1993, 47 f).

Die Phase I (1. Lebensjahr): Auf eine Zeit der Nur-Bedürfnisbefriedigung in den ersten Wochen, in der das Kind zwischen „angenehm" und „unangenehm" unterscheiden lernt, folgt eine bewußte Mutter-Kind-Einheit. Über Augen- und Körperkontakt erfährt das Kind erste bewußte Beziehung, in aller Regel zur Mutter, die es versorgt. Es erkundet sich selbst und seinen Körper, erlebt und beobachtet seine Eltern, wie sie es wärmen, versorgen, ansprechen, mit ihm Beziehung leben, oder in einer eher negativ eingestellten Umgebung, wie es den Eltern hilflos ausgeliefert ist, sie es schreien oder hungern lassen, wie es vielleicht sogar geprügelt und mißhandelt wird. In dieser oder jener Art der beständigen Umsorgung lernt das Kind sich zu spüren, allein sein zu können und sich dabei seiner selbst immer mehr bewußt zu werden: „Wie gewinne ich meine Identität, wie grenze ich mich ab?" Das Entwicklungsziel ist hier die Unverwechselbarkeit, die dieser Mensch für sich gewinnen muß.

Die Phase II (1.–2. Lebensjahr): Das Kind wächst aus der biologischen Abhängigkeit heraus; es verfügt jetzt über seine eigene Motorik, d. h. es lernt sich zu bewegen, zu krabbeln, zu laufen. Das Kind verfügt immer mehr über seinen Raum, es tritt in Kontakt zu den engeren Bezugspersonen (Eltern, Geschwister), es lernt um etwas zu bitten, es kann jetzt selbst essen, es erlebt Gefühl und Mitgefühl. Dabei erlebt es den Grundunterschied als einzelnes Wesen im Gegensatz zum Elternpaar oder zu Gruppen von Menschen. In einer Art von Ich-Bezogenheit in dieser Trotzphase kann es bei negativer Entwicklung zu einer Auseinandersetzung um die eigene Individualität kommen: „Leide ich eher unter zuviel oder zuwenig Nähe zu anderen Menschen?" Das Entwicklungsziel ist Nähe, ist Bedeutung, die durch und von anderen gegeben werden.

Die Phase III (2.–4 Lebensjahr): In dieser Zeit erlangt das kleine Mädchen oder der kleine Junge seine zwischenmenschliche Beweglichkeit in der Familie und auch schon im weiteren Rahmen des Kindergartens. Regeln und Ordnung (als Überkommenes der Vorfahren, der „Toten") bestimmen dieses Zusammenleben, das Ich muß sich von anderen Ichs abgrenzen lernen. Dadurch, daß die bis hierhin gewonnene Identität in Gefahr gerät durch das bewußte Erleben der Größeren und Älteren, muß das Kind lernen, sich selbst zu sehen und zu achten, sich selbst zu behaupten und auf diese Weise eine neue Art von Verläßlichkeit zu erleben. Es merkt immer stärker, daß die Bezugspersonen nicht mehr so einfach verfügbar sind wie bisher, weil jetzt andere Spielregeln und Gesetzmäßigkeiten gelten; die Frustrationstoleranz, also das Aushalten nicht erfüllter Wünsche, wird hier bewußt erlebt. Für das Kind heißt dies: „Gerate ich mehr in innerliche Schwierigkeiten, wenn Ordnung verletzt werden soll oder wenn sie eingehalten werden muß?" Das Entwicklungsziel dieser Phase ist die Selbstachtung und Selbständigkeit durch Ordnung.

Die Phase IV (3.–6. Lebensjahr): Jetzt gewinnt das Kind Anschluß an die soziale Wirklichkeit. Beziehung zu anderen Menschen wird in sozialer Eigenständigkeit gelebt, der Unterschied von Mann und Frau bewußt wahrgenommen. Das Kind bewältigt Situationen, wo es sich mit Liebes- oder Haßwünschen den Eltern, der Familie und anderen Menschen aus seiner Umgebung gegenüber auseinandersetzen muß. Das Kind ist kreativ, einfallsreich, unkonventionell, wenn es um das Erreichen seiner Ziele geht. Entsprechend seinem Alter erfährt es aber von dieser sozialen Umwelt Schutz, Begleitung und Unterstützung, es fühlt sich geborgen. Es lernt, Gegebenheiten und Realitäten zu akzeptieren. Dies gilt auch bei der Entwicklung seines geschlechtlichen Bewußtseins: „Wie ordne ich mich als Mädchen (Frau), als Junge (Mann) in die Welt ein, wie gewinne ich andere für mich?" Das Entwicklungsziel ist die Anerkennung als männliches oder weibliches Wesen.

Wir betonen noch einmal ausdrücklich, daß diese Skizzen der Entwicklungsphasen als idealtypisch zu sehen sind und in dieser Form auch von jedem Menschen durchlaufen werden. Dies bedeutet aber auch gleichzeitig, daß sie nicht bei jedem Menschen genau in dieser Form ablaufen müssen. Je nach individueller Situation kann eine Phase für das Kind positiv oder negativ verlaufen, kann eine und/oder mehrere andere Phasen positiv, eine und/oder mehrere andere negativ ablaufen. Es dürfte aber (nach *Schwarz* 1987, 223) im Laufe des Lebens zu einer Schwerpunktbildung kommen, die sich später auch so auswirken kann, daß **verschiedene Personen in uns verschiedene Dimensionen aktivieren.** Beispielsweise wird mit der einen Person eher die Grundproblematik Nähe – Distanz berührt, mit einer anderen dagegen das Problem Frau – Mann, also auch das Akzeptieren der eigenen Geschlechterrolle.

Dies alles zusammen macht die jeweilige ganz persönliche Situation aus, auch in der Art, wie Positives oder Negatives verarbeitet wird. Durch die Erläuterungen zu den Phasen wird aber auch deutlich, daß es durchaus ähnliches Erleben in ähnlichen Entwicklungen geben kann.

Was bedeuten nun für uns die „Prägungen"?

„Ich tue etwas, weil ich etwas erreichen will, das für mich positiv oder angenehm ist." Das ist die Leitlinie, mit der jeder versucht, sein Leben im jeweiligen Entwicklungsabschnitt zu meistern, also bestmöglich für sich darin auszukommen. Damit wird nach *Adler* der Lebensstil dieses Menschen begründet (vgl. hierzu auch Kap. 3.1), der sich als „Meinung", als ganz persönliche Wunschvorstellung für seine Lebensgestaltung darstellt. Er richtet alle seine Handlungen und Verhaltensweisen auf dieses Ziel hin aus.

> **Übung:** Wenn Sie sich selber ein Stück in Ihrem Verhalten einschätzen wollen, dann sollten Sie **spätestens jetzt** den Fragebogen von Seite 69 beantworten. Wir empfehlen Ihnen unbedingt, den Bogen unbeeinflußt von weiteren Hinweisen zur Auswertung an dieser Stelle auszufüllen. Gehen Sie dabei Aussage für Aussage durch und kreuzen Sie an, welche der drei vorgegebenen Antworten „stimmt genau" – „stimmt in etwa" – „stimmt nicht" für Sie zutrifft. Entscheiden Sie sich bitte für eine dieser drei Varianten, Zwischenwerte (auf der Linie) und Auslassungen sind nicht möglich. Die Auswertung mit den Spalten „Kriterium" und „Punktwert" erfolgt dann weiter unten.

In unserem Verhalten lassen sich – sozusagen im Sinne einer „Typologie" – bestimmte Grundrichtungen erkennen, die wir „Prägungen" nennen (siehe hierzu auch die Geschichte zum Begriff der Prägungen auf S. 52). Es handelt sich dabei um Verhaltensweisen, die einem Menschen durch die Ereignisse in seiner Entwicklung speziell in dieser frühen Lebensphase besonders wichtig geworden sind, die für seine Lebensgestaltung damit auch später noch eine besondere Rolle spielen. Grundsätzlich gehen wir davon aus, daß jeder Mensch alle vier Entwicklungsphasen durchlaufen hat, aber aus den einzelnen Phasen unterschiedliche Eindrücke mitgenommen hat, entweder durch „Handeln" (aktiv) oder durch „Widerfahren" (passiv).

Dies unterscheidet Menschen voneinander: was dem einen ungeheuerlich wichtig ist, spielt für den anderen überhaupt keine Rolle; was der eine unbedingt vermeiden möchte, will der andere um jeden Preis für sich erreichen. Jeder wird auf seine Weise alles tun, um dieses jeweils wichtigste Ziel zu erreichen bzw. diesen für ihn schlimmsten Moment zu umgehen.

Übung: Führen Sie bitte jetzt folgende weitere Schritte durch, um Ihren ausgefüllten Fragebogen auszuwerten:

1. Tragen Sie in die Spalte „Kriterium" von oben nach unten die Zahlenfolge I – II – III – IV ein, **insgesamt siebenmal.**

2. Stellen Sie den Punktwert Ihrer angekreuzten Aussagen fest und tragen Sie das Ergebnis in die Spalte „Punktwert" ein, dabei ergibt ein Kreuz
   – in der Spalte „stimmt genau" = 1 Punkt
   – in der Spalte „stimmt in etwa" = ½ Punkt
   – in der Spalte „stimmt nicht" = 0 Punkte

3. Zählen Sie die Werte je Zahl (I-II-III-IV) zusammen, d. h. zuerst alle Punkte für I, dann für II, usw. Tragen Sie das jeweilige Ergebnis am Ende des Fragebogens neben der gerade ausgewerteten Zahl ein; Sie erhalten auf diese Weise je Zahl einen Punktwert.

4. Zählen Sie diese vier Punktwerte zusammen.

5. Addieren Sie dann alle Werte in der Spalte „Punktwert", **dieses Ergebnis muß mit der Summe der vier Punktwerte** (Schritt 4) **übereinstimmen.** (Falls dies nicht der Fall sein sollte, müßten Sie noch einmal die Auswertung des 3. Schrittes wiederholen!)

Dieser Fragebogen wurde von *Schoenaker* in den 70er Jahren eingeführt und 1984 publiziert, später von *Gröner* für den Zweck der Personalberatung und der Persönlichkeitsentwicklung in betrieblichen Schulungen angepaßt und schließlich 1998 von *Fuchs-Brüninghoff* und *Gröner* zum Konzept der Prägungen weiterentwickelt. Er kann selbstverständlich nicht alle Bereiche einer Persönlichkeit in vollem Umfang und bis auf die kleinste Nuance erfassen. Aber er gibt eine **Tendenz** an für das Ziel oder die Ziele, die im Leben eines Menschen eine bedeutsamere Rolle spielen als eben andere.

Je nachdem, ob bei I, II, III oder IV der höchste Punktwert erreicht wurde, könnte hier die jeweils stärkste Prägung liegen, also damit das Verhalten gekennzeichnet sein, das in diesem Fall vorrangig angestrebt wird.

Was aber ist es nun, das für jemand bedeutsam oder unbedingt zu vermeiden ist? Die Prägungen als grundsätzliche Verhaltensmuster entsprechen in dieser ganz persönlichen Denk- und Erlebnisweise diesen Zielvorstellungen:

Persönlichkeits-prägung:	Was ist mir wichtig?	Was möchte ich vermeiden?
I:	„Ich will eigenständig sein, mit Zeit und Energien haushalten"	„Ich ertrage schwer Hektik und Bevormundetwerden"
II:	„Ich will Bedeutung haben und etwas darstellen; ich will der/die Beste, Stärkste, Klügste, ... sein"	„Ich weiche Situationen aus, in denen ich mich klein und unterlegen fühlen muß, Verlierer bin"
III:	„Ich wünsche mir Sicherheit, überschaubare Verhältnisse, klare Vereinbarungen"	„Ich kann Unordnung, Chaos, Unsicherheit nicht leiden"
IV:	„Ich will beliebt sein; die anderen sollen mich mögen und mich teilhaben lassen"	„Ich umgehe es, allein zu sein, Ablehnung ertragen zu müssen"

Auffallend ist eine gewisse Ähnlichkeit mit dem von *Gay* nach *Marstons* Überlegungen beschriebenen Profil – nämlich aufgaben- oder menschorientiert in bezug zu intro- oder extrovertiertem Verhalten (vgl. S. 42). Auch das Ganzhirn-Modell von *Herrmann* mit der rationalen, sicherheitsbedürftigen, experimentellen und fühlenden Komponente zeigt Anklänge an die von uns beschriebenen Prägungen. Ob diese Ähnlichkeiten eher zufällig zustande kamen, ist ungeklärt. Es scheint sich aber um grundsätzliche, im menschlichen Leben grundgelegte Verhaltensaspekte zu handeln, mit denen wir es immer wieder zu tun haben. Für unsere weiteren Überlegungen können sie nur eine Bestätigung sein.

Zur Geschichte der „Prägungen"

Alfred Adlers Überlegungen zu einer Typologie (1935/1983 b) dürften die Basis darstellen für die Arbeit der israelischen Individualpsychologin *Nira Kefir* (1983), die 1971 erstmals eine Typologie als „Prioritätenlehre" entwickelte. *William Pew* (1978) und *Jaqueline Brown* (1976) führten diese Überlegungen weiter, *Pew* stellte die Lehre 1974 erstmals in Europa im Rahmen einer Fortbildungsveranstaltung vor; er ging von einer vorrangigen Verhaltensweise aus, die er „Priorität Nummer Eins" nannte. Eigentlich wäre dies in sich unlogisch, da eine Priorität immer an erster Stelle steht, aber *Pew* meinte damit **eine** Priorität von vieren, eben die an erster Stelle. Er nannte sie im Anschluß an *Kefir* „Comfort", „Pleasing", „Control" und „Superiority". *Schoenaker* übertrug diese Prioritäten Mitte der 70er Jahre in den deutschsprachigen Raum unter den Bezeichnungen „Bequemlichkeit", „Gefallen wollen", „Kontrolle" und „Überlegenheit", wie sie dann auch von anderen, z. B. *Ruthe* (1981) und *Titze/Gröner* (1989) weiter verwendet wurden.

In der praktischen Arbeit insbesondere bei Mitarbeiterschulungen stellte sich aber immer wieder heraus, daß die genannten Begriffe zu diesen grundsätzlichen Verhaltensweisen zum Teil negativ besetzt waren (wie z. B. „Bequemlichkeit") und auch durch die in der Literatur belegten Beispiele nicht besser dargestellt wurden. *Fuchs-Brüninghoff* und *Gröner* sind daher seit 1998 auf das Phasenmodell zur Entwicklung der Persönlichkeit zurückgegangen und haben die jeweilige grundsätzliche Verhaltensmöglichkeit „Prägung" genannt, was dem zugrunde liegenden tiefenpsychologisch-orientierten Ansatz wesentlich besser entspricht. Zur besseren sprachlichen Orientierung sind neutrale Bezeichnungen für die Prägungen gewählt worden (I–IV). Die Erfahrung zeigt, daß Menschen, die ihre eigene Prägung feststellen wollen, mit diesen neutraleren Benennungen wesentlich besser zurecht kommen und sich solche unterschiedlichen Verhaltensweisen auch mehr zugestehen, als es bei den früher verwendeten „Prioritäten" der Fall war.

Bei der Betrachtung der Ergebnisse aus dem Fragebogen sind die Zahlen an sich nicht so bedeutsam (z. B. wie hoch oder niedrig sie ausfallen), sondern in welchem Verhältnis sie zueinander stehen. Zwei Beispiele sollen dies verdeutlichen:

Fallbeispiel A: Ein Mitarbeiter in der Buchhaltung eines Unternehmens kommt zu folgendem Ergebnis:
I = 0,5 / II = 1,0 / III = 4,5 / IV = 1,0

Wir stellen fest, daß bei Prägung III der höchste Punktwert liegt, diesem Mitarbeiter also Sicherheit und klare Verhältnisse sehr wichtig sind.

Fallbeispiel B: Eine Mitarbeiterin in der Einkaufsabteilung desselben Unternehmens hat folgendes Ergebnis:
I = 1,5 / II = 4,0 / III = 4,5 / IV = 3,5

Wieder ergibt es sich, daß die Prägung III an vorderster Stelle steht. Vergleichen wir beide Verteilungen der einzelnen Prägungen, dann haben wir dieses Bild:

I II   III

IV

⇑ ⇑   ⇑

0 − 1 − 2 − 3 − 4 − 5 − 6

⇓   ⇓ ⇓ ⇓

I   IV II III

In beiden Fällen steht die Prägung III, das Streben nach Sicherheit, Übersicht, Ordnung, etc. an vorderster Stelle, der Abstand zu den übrigen Prägungen ist aber sehr unterschiedlich:

- Bei Mitarbeiter A nimmt die Prägung III eine vergleichsweise überragende Position ein, die übrigen Verhaltensaspekte stehen im Hintergrund, sind diesem Mitarbeiter in aller Regel nicht so wichtig. Jede Situation, jede Aufgabe, die Ordnung, Sicherheit, Kontrolle verlangt, also in ihrer Struktur der Prägung III entspricht, ist für diesen Mitarbeiter ideal; hier fühlt er sich wohl. Sein Einsatz in der Buchhaltung mit ihren Anforderungen an strenge Genauigkeit und Übersichtlichkeit dürfte wohl genau richtig erfolgt sein.

- Auch Mitarbeiterin B hat in ihrer Persönlichkeitsstruktur Prägung III an erster Stelle, aber gleich dahinter folgen die Prägungen II und IV, mit etwas mehr Abstand die Prägung I. Eine Arbeitsstelle bzw. Anforderungen, die auch hier allein auf die Prägung III ausgelegt wären, würden wohl nicht dem breiteren Spektrum der Fähigkeiten und Neigungen der Mitarbeiterin entsprechen. Sie möchte aufgrund ihrer Prägungen gerne gestalten und entscheiden können (Prägung II), auch gerne mit Menschen zu tun haben (Prägung IV). Und da könnte sie auf ihrer Stelle in der Einkaufsabteilung gerade richtig eingesetzt sein, denn sie muß verhandeln, Ideen entwickeln über günstige Einkaufsstrategien, Preise und Liefertermine im Griff haben, also Fähigkeiten, die sich alle in ihrer Struktur der Prägungen widerspiegeln.

Stellt man sich vor, daß jeder der beiden Mitarbeiter mit Aufgaben betraut wäre, die völlig neben dem liegen, was sie aufgrund ihrer Prägungen zu leisten imstand und damit auch im Sinne einer persönlichen Motivation zu leisten gewillt sind, dann läßt sich daraus ableiten, daß Fähigkeiten vergeudet und die Mitarbeiter möglicherweise auch frustriert wären. Je mehr also die Struktur von Aufgaben, von Anforderungen der Persönlichkeitsstruktur im Sinne der Prägungen entspricht, um so wohler wird sich jemand an seinem Arbeitsplatz fühlen. Umgekehrt kann ein Auseinanderfallen dieser beiden Bezugsgrößen zu Unzufriedenheit, zu Minderleistung und vielleicht sogar zu innerer Kündigung führen (vgl. hierzu auch Kap. 5.1), nur weil der Mitarbeiter nicht am richtigen Platz eingesetzt ist.

In unserem Beispiel wird es in jedem Fall Mitarbeiterin B leichter haben, sich auch mit anderen Aufgaben auseinanderzusetzen als solchen, die vorwiegend Prägung III verlangen; Mitarbeiter A dagegen wird möglicherweise an ihnen scheitern, wenn sie außerhalb seines „Programms" liegen, außer es gelingt ihm „vom Kopf her", sich mit der Aufgabe zurechtzufinden. Denn dies ist das Wichtige daran für die eigene Arbeit und für Zusammenarbeit: sich über seine Stärken im klaren sein, und die Schwächen, die nicht so ausgeprägten Seiten, bewußt sehen und damit umgehen können in dem Sinne, sie entweder zu akzeptieren oder daran zu arbeiten. Die Abb. 13 soll einen Eindruck davon vermitteln, wo diese jeweiligen starken und schwachen Punkte liegen. Keinesfalls kann diese Übersicht vollständig sein, so aber doch einen Hinweis darauf geben, wie es grundsätzlich unter dem Blickwinkel der

	Mögliche positive Persönlichkeitsaspekte (= ermutigte Situation)	Mögliche negative Persönlichkeitsaspekte (= entmutigte Situation)
Prägung I	Ich kann beobachten, analysieren, wahrnehmen, ich bin vernünftig, zurückhaltend, eigenständig, ich lege Wert auf Sachlichkeit und Klarheit, ich bringe die Dinge auf den Punkt,	Ich mache mich zum Außenseiter durch meine Beobachterrolle, ich bin überkritisch, habe an allem etwas auszusetzen und zu bemäkeln, ich werde zynisch,

	Mögliche positive Persönlichkeitsaspekte (= ermutigte Situation)	Mögliche negative Persönlichkeitsaspekte (= entmutigte Situation)
Prägung I	ich bin kein Freund der vielen Worte, ich mag es nicht, wenn andere mir zu nahe kommen, mich bedrängen, ich brauche meinen Freiraum (räumlich, zeitlich, in Beziehungen), in neuen Situationen bin ich kritisch, skeptisch, distanziert, ich gehe ökonomisch mit Zeit und Energien um, ich habe Ausdauer, ich habe Sinn für Ästhetik (Kunst, Kleidung, Raumgestaltung), ich kann mich in Dinge vertiefen, ich kann mir Neues ausdenken (forschen, entwickeln, tüfteln), ich entwickle Eigenarten, durch die ich mich von anderen unterscheide.	ich ziehe mich von anderen zurück, ich werde zum Eigenbrötler, ich beuge Enttäuschungen vor, ich kann in Gruppen anonym bleiben, dabei sein, ohne aufzufallen, ich gehe Auseinandersetzungen aus dem Weg, aus Konflikten ziehe ich mich zurück, verstecke mich hinter der Sache, Gefühlsausbrüche anderer sind mir unangenehm.
Prägung II	Ich kann Verantwortung tragen, führen und delegieren, viel leisten, ich kann mich begeistern, ich mag Herausforderungen, ich möchte an der Spitze sein,	Ich will gerne alles besser wissen, mehr Recht haben, nützlicher sein, ich kann mich aufopfern, übernehme die Märtyrerrolle, ich setze mich zu stark durch,

	Mögliche positive Persönlichkeitsaspekte (= ermutigte Situation)	Mögliche negative Persönlichkeitsaspekte (= entmutigte Situation)
Prägung II	Impulse geben, Richtung weisen, ich möchte innerhalb meiner sozialen Bezugsgruppen jemand sein, Bedeutung haben, ich bin leidenschaftlich in der Sache und in Beziehungen, ich kann auch in Leiden Bedeutung finden, ich bin idealistisch, ehrgeizig, fleißig, mutig; risikobereit, ich übernehme Verantwortung, ich habe Verlangen nach Wissen, Gerechtigkeit und Wahrheit, habe Interesse für moralische Fragen. Ich kann mich gut einfügen, wenn ich zu einem erfolgreichen Team, einer gewinnenden Mannschaft gehöre (gemeinsam Bedeutung finden).	bin machtgierig, glaube mich selbst im Recht und die anderen im Unrecht, setze mich über Regelungen hinweg, ich habe Angst vor Fehlern, tue nur Erfolgverdächtiges, bürde mir gerne zuviel auf, leide unnötig, überbetone die Fairneß, setze andere herab, beschuldige andere und wecke damit Schuldgefühle, es bedeutet mir etwas, bekannte und erfolgreiche Personen in meinem Umfeld zu haben, sie zu kennen, ich schließe mich gerne erfolgreichen Gruppen oder Strömungen an, nur um auch dabeizusein, dazuzugehören, ich mache mit.
Prägung III	Ich kann führen, organisieren, steuern, strukturieren, ich bin zuverlässig, pünktlich, gründlich, kalkulierbar, ehrgeizig, fleißig, sparsam, selbst-	Ich kontrolliere und beherrsche andere und/oder Situationen; ich übertreibe die Selbstkontrolle, andere fühlen sich

	Mögliche positive Persönlichkeitsaspekte (= ermutigte Situation)	Mögliche negative Persönlichkeitsaspekte (= entmutigte Situation)
Prägung III	bewußt, standhaft, umsichtig, leistungsfähig; bereit, beizutragen, ich gehe kein Risiko ein; bin bereit, Verantwortung zu übernehmen, ich habe Respekt für Gesetz und Ordnung, ein gutes Auge für Zeit und Einteilung.	frustriert und desinteressiert, ich verdränge Gefühle, ich bin in geringerem Maße spontan und kreativ, ich wage nichts; ich will sicherstellen, daß das Leben nicht mich beherrscht; entmutige andere mit meinem Perfektionismus.
Prägung IV	Ich kann gut Kontakte herstellen, gut wahrnehmen, mich gut einfügen, ich bin freundlich, ein guter Kamerad, rücksichtsvoll, nicht aggressiv, großzügig, wendbar, kompromißbereit, unterhaltsam, ausgleichend, ich bin geschäftig, betriebsam, ich habe Ausdauer, diplomatische Fähigkeiten, bringe Sonnenschein, ich mache freiwillig mit.	Ich habe eine niedrige Selbsteinschätzung, respektiere mich selbst nicht und erwarte keinen Respekt von anderen; ich fühle mich nur zugehörig, wenn ich gefalle, biedere mich an, mache mich leicht zum Sklaven des Partners, bin nicht besonders mutig, stelle mich hinter anderen zurück; gebe, um zu bekommen.

Abb. 13: Persönlichkeitsbeschreibungen zu den einzelnen
Prägungen

jeweiligen Prägung aussehen kann. Und weil wir diese Persönlichkeitsaspekte als „mögliche" bezeichnet haben, können sie selbstverständlich auch „nicht möglich" sein. Die Fülle von Persönlichkeit, die Breite im Verhaltensrepertoire, läßt sich nun einmal nicht in wenigen Worten vollständig erfassen. Dies ist der

Nachteil einer jeden Typologie. Aber trotzdem meinen wir, daß dieser Überblick zeigen kann, wo wir uns etwas zutrauen, wo wir ermutigt genug sind, unser Leben anzupacken. Dem stehen die Verhaltensweisen gegenüber, wo wir auch für andere negativ wirkende Handlungen an den Tag legen, aus der Angst heraus, auf andere Art und Weise nicht bestehen zu können. Der Mensch befindet sich in einer entmutigten Situation und handelt aus dieser Angst heraus letztlich zu seinem eigenen Schaden.

Alles in allem läßt sich zur Bedeutung von Prägungen festhalten:

- Jeder Mensch verfügt grundsätzlich über **alle** Verhaltensmöglichkeiten, die den Prägungen in den einzelnen Entwicklungsabschnitten I bis IV zugrunde liegen.
- Keine der Prägungen ist besser oder schlechter als die andere(n). Alle enthalten sowohl positive, gemeinschaftsförderliche, ermutigte als auch negative, gemeinschaftsschädliche, entmutigte Möglichkeiten.
- Liegen die einzelnen Prägungen dicht beisammen, kann sich dieser Mensch leichter an unterschiedliche Situationen anpassen, weil er freier und mit gewissem Spielraum handeln kann.
- In Krisensituationen oder bei größerem Abstand zur nächsten Prägung tritt die am stärksten vorhandene Prägung deutlicher im Verhalten hervor.
- Die bestimmende Prägung wirkt sich auf all unsere Handlungen aus. Sie kann, wie noch zu zeigen sein wird, Gegenreaktionen bei den Mitmenschen auslösen.
- Beim Umgang mit Partnern oder Kollegen fällt deren bevorzugte Wahl oft so, daß man die eigene Prägung ausleben kann.
- Das Wissen um die eigene vorrangige Prägung darf nicht als Entschuldigung verwendet werden, um sich vor anderen Lebensaufgaben zu drücken oder sich von ihnen zurückzuziehen.
- Die Zugriffsmöglichkeit zu allen vier Prägungen sollte gewahrt oder verbessert werden. Dadurch kann die Abhängigkeit von der herausragenden Prägung vermindert werden.

3.4 Selbstakzeptanz und Selbstkritik der eigenen Arbeitsweise

Fallbeispiel 1: Manuel K. galt bei seinen Kollegen als liebenswerter Zeitgenosse: wenn man was von ihm brauchte, bekam man es, wenn man Arbeit an ihn abgeben wollte, nahm er sie ohne Murren an. Seine Hilfsbereitschaft, seine Kontaktfreudigkeit, sein Einfühlungsvermögen waren allseits geschätzt, kurz gesagt, er war ein Mitarbeiter und Kollege, wie man ihn sich wünscht. Fragte man ihn selbst, wie er sich denn so in der Zusammenarbeit mit seinen Kollegen und Vorgesetzten sähe, gab er nach einigem Zögern durchaus zu, sich ausgenutzt zu fühlen, sich durch seine Offenheit verwundbar zu machen, und – was ihn selbst erstaunen würde – sich immer wieder dabei zu ertappen, unangenehme zwischenmenschliche Probleme hinauszuschieben oder gar zu verleugnen.

Welche Prägung steht bei Manuel K. wohl an erster Stelle? Versuchen Sie selbst einmal zu benennen, wie Sie die vorrangige Prägung einschätzen!

Fallbeispiel 2: Gerlinde S. hatte immer einen vollen Schreibtisch. Mit Mühen gelang es, noch etwas dazu zu legen – aber sie fand sich in ihrem scheinbaren Durcheinander immer zurecht, denn sie wußte sofort, wo sie bei Nachfragen zugreifen mußte. Auch kamen die anderen Kollegen und Kolleginnen gerne zu ihr, wenn es um Ideen ging oder wenn sie an einem Problem knabberten. Im Überschwang des Kreativen verlor sie manchmal aber den Blick für das Wesentliche; ein bißchen ärgerte sie sich darüber, wenn andere sie darauf aufmerksam machten, sie steckte es aber ganz gut weg. Im Gegenteil, Kritik verhalf ihr meist dazu, wieder neue Lösungswege zu entwickeln oder zumindest zu Vorschlägen, wie andere besser zurechtkämen.

Mit welcher Prägung haben wir es hier überwiegend zu tun? Wagen Sie auch hier einen Versuch!

Fallbeispiel 3: Hilde B. konnte so leicht nichts umwerfen, denn auch im größten Getümmel um sie herum behielt sie die Nerven und blieb kontinuierlich bei ihrer Arbeit. Natürlich diskutierte sie ab und zu auch mal ganz gerne mit den Kollegen über Alltagsgeschichten. Am liebsten aber organisierte sie ihre Arbeit selbst, ohne sich dreinreden lassen zu müssen über das Wie und Wann, ohne allzu sehr unter Druck zu stehen. Wer gegen ihre Arbeit sprach oder sie manipulieren wollte, bekam es mit ihr zu tun: leidenschaftlich legte sie ihre Gründe dar, ohne laut zu werden, konnte sachbezogen argumentieren, ohne „Unmensch" zu sein, und sie griff auf alle rechtlichen Mittel zurück, die ihr zur Verfügung standen. Nein, das konnte sie absolut nicht vertragen, daß sie fremdgesteuert ihrer Tagesarbeit nachgehen sollte.

Welche Prägung vermuten Sie hier an erster Stelle?

Fallbeispiel 4: Kurt H. führt seine Mitarbeiter „an der kurzen Leine": er läßt sich alle Vorgänge erklären, die sie erledigen sollen, durch schriftliche Arbeitsanweisungen gibt er ihnen klare Vorgaben, wie er die Bearbeitung haben möchte. Jeder in der Abteilung weiß, wie er zu nehmen ist, er ist in seinem Verhalten klar kalkulierbar. Damit haben aber die Mitarbeiter auch ihre Schwierigkeiten, denn wenn sie mit neuen Vorschlägen kommen, die sie nicht durch und durch begründen können, weist er sie ab und sie können von vorne anfangen. Was nicht in seinem Gesichtskreis ist, existiert für ihn nicht. Und Teamarbeit ist für ihn etwas, das man sich sparen kann, weil sie meist ineffektiv ist.

Sicherlich haben Sie auch zu diesem Beispiel eine Ahnung, welche Prägung hier vorrangig ist?

Die Lösungen zu den Fallbeispielen 1 bis 4 finden Sie auf dieser Seite unten angegeben![1]

Sicherlich sind diese vier Beispiele besonders klar zu erkennen, und im Alltag treten sie in dieser Deutlichkeit nicht allzu oft in Erscheinung. Trotzdem können aber die Fragen

- „Was ist für diese Person bei ihrer Arbeit wichtig? Was soll unbedingt möglich sein?" und
- „Was möchte diese Person bei ihrer Arbeit vermeiden? Was darf nicht sein?"

---

1 Fallbeispiel 1 = IV, Fallbeispiel 2 = II, Fallbeispiel 3 = I, Fallbeispiel 4 = III

sehr schnell zu einem „richtigen" Eindruck führen, welche Prägung für den betreffenden Menschen die größte Rolle in seinem Leben und damit auch in seiner Lebensaufgabe „Arbeit" spielt. Dies kann dann auch zu einem ganz entlastenden Moment werden, wenn jemand erkennt, daß er so ist, wie er ist, und nicht so sein muß wie ein anderer. Wie wir später (in Kap. 4.2) sehen werden, ergeben sich daraus die Chancen für eine konstruktive Zusammenarbeit, indem die Andersartigkeiten positiv zusammengebracht werden.

Wie bereits erwähnt, sind wir uns dessen wohl bewußt, daß es Prägungen in der reinen Form im täglichen Leben kaum gibt. Nach unserer Erfahrung, die wir seit vielen Jahren in der Arbeit mit Mitarbeitern von Unternehmen und Organisationen gewonnen haben, treten die meisten Prägungen als Mischformen auf, d. h. die Menschen haben durchaus mehrere Potentiale zur Verfügung. Um den Blick für das Wesentliche zu schärfen und eine handhabbare Basis für die Selbstbeobachtung zu schaffen, beschränken wir uns hier auf die grundsätzlichen Verhaltensweisen; diese wollen wir im folgenden beschreiben und erläutern. Im Gegensatz zu anderen Autoren (z. B. *Herrmann* 1997) verzichten wir auf scheinbar eindeutige Zuschreibungen von bestimmten Prägungen zu bestimmten Berufen oder betrieblichen Funktionen und Aufgaben. Das Leben läßt unserer Ansicht nach viel Spielraum für Menschen, sich mit ihren Prägungen in unterschiedlichste Arbeitsbereiche einzubringen. Letztlich hängt es auch immer vom Wechselspiel mit den Vorgesetzten und Kollegen ab, was jemand von seiner Persönlichkeitsstruktur her ausleben kann oder darf. Wir haben trotzdem immer wieder in unserer Arbeit gesehen, daß sich bestimmte Prägungen vorrangig in bestimmten Berufen oder Tätigkeiten wiederfinden (z. B. Prägung II als Sekretärin eines überlasteten Managers, Prägung III als Controller in einem Fertigungsbetrieb).

Was kennzeichnet nun die Arbeitsweise unter der Vorrangigkeit der jeweiligen Prägung? Wir wollen hier kurze Charakterisierungen vorstellen, mit all den Einschränkungen, die wir mehrfach schon vorgenommen haben, nämlich daß es eine vollständige oder auf jeden Menschen zutreffende Schilderung einfach nicht geben kann. Wir versuchen es trotzdem.

Prägung I (Selbstbewahrung, Unverwechselbarkeit, Distanz)

„Er ist der Weise, der die Wahrheit sucht; der Denker, der überlegt."

Ein Mensch mit Prägung I schätzt eine positive Arbeitssituation, in der er sich nach eigenen Vorstellungen entfalten und seine Eigenständigkeit leben kann. Dieses Eigenleben ist ihm sehr wichtig, weil er hier sein eigenes Tempo entfalten kann und sich mit aller Liebe und Sorgfalt in Details vertiefen darf. Dinge zusammenzutragen, an ihnen herumzutüfteln, sie in gewisser Weise kreativ zu gestalten, das liegt ihm. Wir haben es hier mit einem kritischen Beobachter zu tun, der aus der Distanz heraus auf andere zugehen kann, obwohl ihm das Alleinsein nicht allzu viel ausmacht. So werden Beziehungen zu anderen Menschen häufig über Sachthemen aufgenommen, und ist die Beziehung geglückt, dann kommt es durchaus zu konstruktiver, vertrauensvoller Zusammenarbeit. Dieser Mensch vermeidet Aggression und Kampf, er sucht Einvernehmen mit sich und mit anderen. Dies kann sich dann auch in einer Arbeitsumgebung ausdrücken, die durch eine schöne, geschmackvolle Gestaltung gekennzeichnet ist.

Schwierig wird es für diesen Menschen dann, wenn er sich unter Druck gesetzt und fremdgesteuert fühlt, wenn der Raum um ihn herum von Unruhe gekennzeichnet ist. Konflikten geht er aus dem Weg. So kann ihn die Mitarbeit z. B. in Besprechungen, Projektsitzungen viel Kraft kosten, wenn dort unökonomisch mit Zeit und Kraft der Teilnehmer umgegangen wird. Er kann verletzend wirken, wenn ihm sonst keine andere Form des Rückzugs mehr möglich erscheint. Und er kann von der persönlichen auf die sachliche Ebene ausweichen, wenn ihm etwas zu nahe geht. Hochfliegende Pläne liegen ihm nicht, er braucht die Realität, in der er das Machbare sieht und dann auch entsprechend gerne anpackt.

Prägung II (Bedeutung, Bewegung, Nähe)

„Er strebt nach vorne und nach oben."

Ein Mensch mit Prägung II zieht mit seiner anregenden Art schnell die Aufmerksamkeit auf sich. Er bevorzugt für sich selbständiges Arbeiten, mit freien Entscheidungen über das Wie und

Was. Er sprüht vor Ideen, die er mit Überzeugungskraft vertritt, ist aber froh, wenn er andere findet, die sie umsetzen. Er braucht sein Publikum, die Anerkennung für seine Arbeit und auch für seine Person. Er ist ein Mensch, der auch gut und gerne mitmachen kann, wenn er sich in der Gruppe wohl und anerkannt fühlt. Insgesamt fällt es ihm leicht, Kontakte zu knüpfen, sowohl im persönlichen als im arbeitsbezogenen Bereich. Und doch fällt es ihm leicht, sich wieder davon zu lösen und neue Verbindungen aufzubauen. Generell findet er alles, was neu ist, schön und anregend.

Dies verweist aber gleichzeitig auf seine Schwachpunkte. Detailarbeit, Kleinkram, systematisches Denken, das liegt ihm nicht. Andererseits verzettelt er sich leicht in zu vielen Arbeiten, die er gleichzeitig anpacken will. Er lehnt Menschen ab, die keinen eigenen Standpunkt beziehen wollen oder können, oder auch solche, die im seine Wichtigkeit nehmen wollen, in seinen Augen aber selber wenig Ahnung haben. Überhaupt, dieses Gefühl zu erleben, überwacht zu werden, das kann ihn wahnsinnig machen.

Prägung III (Sicherheit, Struktur, Beständigkeit)

„Er ist Realist, auf Sicherheiten und Abgrenzungen bedacht."

Ein Mensch mit Prägung III ist stets darauf bedacht zu wissen, wie die Dinge stehen. Beharrlich und bestimmt geht er seine Arbeit an, man kann sich auf ihn verlassen, auch als Führungskraft. Er mag es, wenn klare Absprachen getroffen werden, wenn Planungen vorgenommen und vor allem auch eingehalten werden; dies vor allem ist für ihn eine Selbstverständlichkeit. In diesem Sinne sind für ihn auch klare Aufgabenverteilung und -zuordnung sehr wichtig, Zuständigkeiten müssen eindeutig geregelt sein. Er ist es auch, der den roten Faden noch in der Hand hält, wenn andere schon glauben, ihn verloren zu haben. An Probleme geht er kühl, umsichtig, doch distanziert heran.

Und dies kann auch gleichzeitig zum Problem für ihn werden: vor lauter Distanz zu den tatsächlichen Möglichkeiten engt er sich selbst ein in seinem Handlungsspielraum. Gleichzeitig kann dies als Einengung auch seinen Kollegen oder Mitarbeitern gegenüber wirken, die sein Verhalten als „tyrannische Gängelei" empfinden könnten. Er will alles im Griff haben und beherrschen. Sein Perfektionsstreben, das übermäßige Denken in Regeln, Gesetzmäßigkeiten und Ordnungsgesichtspunkten läßt in ihnen das Gefühl aufkommen, daß für andere Gedanken oder Ideen wenig Raum bleibt.

Prägung IV (Beachtung, Kontakt, Veränderung)

„Er sehnt und leidet – und lebt mit Hoffnungen und Wünschen."

Ein Mensch mit Prägung IV ist im allgemeinen sehr aufmerksam und nimmt gut wahr, was um ihn herum vorgeht. Flexibel stellt er sich auf unterschiedliche Arbeitssituationen ein, es macht ihm nichts aus, verschiedenartige Tätigkeiten mit vielschichtigen Anforderungen erledigen zu müssen. Aber Zugehörigkeit und Beziehung, also z. B. die Arbeit in einem gut funktionierenden Team, stehen für ihn an vorderster Stelle. Er schätzt dabei eine offene und ehrliche Atmosphäre im Umgang miteinander, die es ihm ermöglicht, ohne Schwierigkeiten anderen zu helfen, auf sie einzugehen, für sie da zu sein.

Das ist es aber auch, wo er immer wieder in die Falle läuft: andere bemerken seine Aufmerksamkeit und nützen sie gerne, leicht und allzu schnell aus. „Nein" sagen können ist die Kunst, die dieser Mensch immer und immer wieder lernen muß, will er sich nicht selbst vor lauter Aufopferung und Sorge um die anderen krank machen. In manchen Fällen empfinden die Mitmenschen seinen Hang zur Kontaktaufnahme schon als Distanzlosigkeit; im Extremfall wirkt er wie eine Klette, die nicht abzuschütteln ist. So macht er sich verletzlich, verwundbar, angreifbar, weil er sich oft zu sehr den andern gegenüber öffnet. Beziehungsstärke kann in Beziehungsschwäche umschlagen.

Wie sich alle diese Eigenschaften der einzelnen Prägungen auf das Arbeitsverhalten auswirken können, ist in Abb. 14 beispielhaft zusammengestellt. Diese Auflistung soll eine Idee davon geben, welche Schwerpunkte bevorzugt bzw. als unangenehm empfunden werden. Daraus läßt sich ableiten, daß Menschen mit bestimmten Vorlieben in den Tätigkeiten, vielleicht sogar in den Berufen zu finden sind, die von ihnen diese Vorlieben abverlangen.

**Wie gehe ich mit meiner Prägung bei der Bewältigung
meiner täglichen Arbeit vor?**

	Was fällt mir leicht?	Was geht mir schwer von der Hand?
I	– ich arbeite gern intensiv an einer Sache – ich arbeite sehr konzentriert – ich teile mir meine Arbeit gern selbst ein – ich mag klare Aufgabenstellungen – ich gerate nicht schnell in Hektik – ich sehe vielen Dingen gelassen entgegen – ich kann einen verworrenen Sachverhalt kurz und prägnant zusammenfassen	– ich lehne Druck bei der Arbeit ab – ich mag keine Vorschriften, wie ich meine Arbeit zu erledigen habe – ich ärgere mich, wenn ich fremdgesteuert werde – ich mag bei der Arbeit keine Unterbrechungen oder Störungen – ich mag keine Vielredner – ich lehne Personenkult ab – ich vernachlässige die Selbstdarstellung und die Darstellung meiner Arbeit
II	– ich bevorzuge eine interessante, abwechslungsreiche Tätigkeit – ich zeige Engagement auch über die normale Arbeitszeit hinaus – ich dränge auf ein Mitspracherecht – ich bin gerne Anlaufstelle für Fragen, die die anderen nicht beantworten können oder wollen – ich will schwierige Situationen mit ungelösten Problemen	– ich kann mich schlecht unterordnen, außer ich akzeptiere die Autorität des Vorgesetzten – ich bin schnell frustriert, wenn meine Aussagen angezweifelt werden – ich will immer verbessern – ich zwänge anderen meine Meinung auf – ich weiche Menschen aus, die keine Meinung vertreten können
III	– ich arbeite gern mit System und Einteilung	– ich will keine Überraschungen

Was fällt mir leicht?	Was geht mir schwer von der Hand?
– ich bevorzuge ein klares Konzept und einen geregelten Ablauf – ich freue mich über ausreichend Vorbereitungszeit – ich mag klare Zuständigkeiten und Verantwortlichkeiten – ich brauche klare Terminvorgaben – ich lege Wert auf Absprachen, Vereinbarungen	– ich drücke mich vor langatmigen Besprechungen – ich lehne unsinnige, unklare Anweisungen ab – ich lehne die Vermischung von Privat und Geschäft ab – ich habe wenig Vertrauen in die Arbeit anderer – ich verabscheue ständiges Telefonieren – ich lehne es ab, ungefragt verplant zu werden – ich bedauere Qualitätseinbußen wegen Arbeitsüberlastung
IV – ich bemühe mich um Harmonie – ich sehne mich nach positiver Rückmeldung zu meiner Arbeit – ich helfe bei Kollegen aus, wenn sie überlastet sind – ich habe Zeit und Geduld im Umgang mit anderen – ich mag häufige Kontakte mit vielen unterschiedlichen Menschen – ich pflege Teamgeist und tue alles für das Team – ich halte Gespräche zum Informationsaustausch und zur Kontaktpflege für sehr wichtig	– ich kann nicht konsequent sein – ich unterbreche zu oft meine eigene Arbeit, um Kollegen zu helfen – ich lasse mich durch private Gespräche von der Arbeit ablenken – ich suche die Ursachen für negative Verhaltensweisen von Kollegen erst mal bei mir – ich bin in Konflikten zu gutmütig und zu rücksichtsvoll – ich lehne Aggressionen aller Art ab – ich bin schnell verletzt bei negativer Kritik an mir – ich rede den anderen nach dem Mund

Abb. 14: Beispiele für die Arbeitsweisen unter dem Gesichtspunkt der jeweiligen Prägung

Je mehr die Struktur der Anforderungen einer Stelle der Struktur der Persönlichkeit, also den Prägungen entspricht, um so mehr ist ein Mensch im Einklang mit sich und seiner Tätigkeit. Er fühlt sich wohl, er kann etwas leisten, weil es ihm Spaß macht, weil zu ihm paßt, diese Arbeit auszuführen. Daß sich im umgekehrten Fall Konflikte und Störungen ergeben können, liegt damit auf der Hand; wir werden dies in Kapitel 5 ausführlich beschreiben, wie hier die Zusammenhänge zu sehen sind. Jemand, der täglich gegen die Natur seiner Persönlichkeit arbeiten muß, wird viel schneller krank werden oder sich zumindest von dieser seiner Tätigkeit innerlich distanzieren als jemand, der voll hinter seiner Aufgabe steht. Darum kommt es immer wieder darauf an, seine Situation bewußt anzusehen und anzunehmen, um mit diesem Wissen von sich selbst konstruktiv auf andere zugehen zu können. Dies aber gilt für alle Menschen, ohne Unterschied in der jeweiligen Prägung: sich nicht ängstigen zu lassen von den Aufgaben, die zu bewältigen sind, sondern sie mutig genug anzugehen im Wissen um die eigenen Fähigkeiten und Stärken.

Fragebogen zur Feststellung der eigenen „Prägungen"

Diese Aussage …	stimmt genau	stimmt in etwa	stimmt nicht	Kriterium	Punktwert
1. Ich bringe die Dinge auf den Punkt.					
2. Mir ist es wichtig, Bedeutung zu haben.					
3. Ich lege Wert auf klare Absprachen und Vereinbarungen.					
4. Ich strenge mich an, damit möglichst viele mich akzeptieren und mögen.					
5. Ich bin empfindlich gegenüber Unruhe, Hast und Lärm.					
6. Ich kann mich gut auf Risiko einlassen.					
7. Mit meinen Gefühlen bin ich ziemlich zurückhaltend, d. h. ich sage lieber, was ich denke, als was ich fühle.					
8. Es fällt mir leicht, zu anderen Kontakt aufzunehmen.					
9. Mir liegt die Rolle des distanzierten, kritischen Beobachters.					
10. Ich spüre in mir ein Streben nach „besser sein" als andere. Dafür strenge ich mich auch an.					

Diese Aussage …	stimmt genau	stimmt in etwa	stimmt nicht	Kriterium	Punktwert
11. Ich kann mich nicht gut anvertrauen, nicht „fallen lassen".		×			
12. Die Möglichkeit, abgelehnt zu werden, ist für mich eine schlimme Vorstellung.		×			
13. Ich stehe ungern unter Druck.			×		
14. Ich lege Wert darauf, Recht zu haben und zu meinem Recht zu kommen.		×			
15. Wenn ich etwas tun oder sagen will, ist mir wichtig, meiner Sache ganz sicher zu sein.		×			
16. Ich tue mich schwer, meine Meinung zu sagen, wenn sie von der anderer abweicht.			×		
17. Ich arbeite vielleicht nicht ganz so viel wie andere, aber ich bin stark ergebnisorientiert.		×			
18. Wichtig ist für mich nicht so sehr, ob eine Sache gut läuft, sondern ob die entscheidenden Anstöße von mir kamen.			×		

19. Ich kann gut strukturieren und systematisch arbeiten.									
20. Ich kann nicht gut „nein" sagen.									
21. Ich lege Wert darauf, unverwechselbar zu sein, mich zu unterscheiden.									
22. Ich kann gut Dinge auf den Weg bringen, sie in Gang setzen.									
23. Halb vorbereitet in eine Situation hineinzuspringen, das liegt mir nicht.									
24. Ich versuche festzustellen, was andere von mir erwarten, damit ich diese Erwartungen möglichst auch erfüllen kann.									
25. Ich nehme eher die Außenseiterrolle in Kauf als zu riskieren, daß mir jemand zu nahe tritt.									
26. Ich kann andere begeistern und mitreißen.									
27. Es ist mir sehr wichtig, die Übersicht zu behalten.									
28. Ich habe die Fähigkeit, für ein gutes Klima zu sorgen.									

Auswertung: I:___ II:___ III:___ IV:___

4. Die andere Sichtweise erfassen

> In gewissem Grad sind wir wirk-
> lich das Wesen, das die anderen
> in uns hineinsehen, [...]. Und
> umgekehrt! auch wir sind die
> Verfasser der anderen."
>
> *Frisch 1979, 33*

Jeder Mensch hat eine Auffassung von der Welt. Je nach gesell-schaftlichem, kulturellem, politischem Umfeld sind die Ähnlich-keiten oder die Unterschiede größer. Jeder Mensch hat ein Bild von sich selbst. Die Menschen um ihn herum nehmen ihn wahr und haben von ihm ein Fremdbild. Es ist nicht immer leicht, mit-einander über diese „Bilder" ins Gespräch zu kommen.

4.1 Wahrnehmen und Akzeptieren von Unterschiedlichkeit der Menschen und ihrer Perspektiven

„Die Möglichkeit des Andersseins" (*Aristoteles*, Nikomachi-sche Ethik) ist ein Thema, das die Menschen offensichtlich seit Menschengedenken beschäftigt, ebenso wie die Auseinanderset-zung mit der Wahrnehmung der Wirklichkeit. „Nicht die Dinge selbst beunruhigen uns, sondern die **Meinungen**, die wir von den Dingen haben." (*Epiktet*; vgl. hierzu *Watzlawick* 1986, 36 ff).

Zu allen Situationen, die wir erleben, zu allen Menschen, denen wir begegnen, nehmen wir persönlich Stellung, bilden wir uns eine Meinung. Etwas/jemand ist für uns neu, fremd, anders, ver-traut, angenehm etc. „Es ist das Schicksal jedes Eindrucks, ... in ein Bewußtsein zu gelangen, in dem sich bereits Erinnerungen, Vorstellungen, Interessen befinden und von diesen aufgenommen zu werden. ... Wir fassen den Eindruck in irgendeiner bestimm-ten Weise auf. Wir verfügen über ihn gemäß unseren erworbenen Vorstellungen, ..." (*James* 1900, 120 und 121)

Besonderes Augenmerk wollen wir nun auf die Situationen und Personen lenken, die wir als anders, als fremdartig erleben. „Fremdartig" – wo fängt das an? „Fremdartig" – was ist das?

- Wenn ein Schwarzafrikaner auf die Frage, warum er zu einer Verabredung mehrere Stunden zu spät kommt, antwortet: „Mein Freund wollte mich sprechen." Und dabei nonverbal signalisiert, daß jede weitere Frage eine Grenzverletzung ist.
- Oder wenn jemand aus einer Region in Deutschland, in der historisch die Realerbteilung existierte, befremdet reagiert, wenn ihm jemand aus dem Münsterland erzählt, daß er mit allen Geschwistern beim Notar war und alle auf ihre gesetzlichen Ansprüche/„Rechte" verzichtet haben, damit ein Bruder den Hof erbt. Hintergrund für diese Handlung ist das in Westfalen in der Vergangenheit übliche Erstgeborenen- bzw. Einerbenrecht. Wenn dann noch beide erkennen, daß sich die unterschiedliche Erbregelung ihrer Region im Landschaftsbild abbildet – kleinparzellige Flächen im Bereich der Realerbteilung und große zusammenhängende Felder in Regionen des Einerbenrechts –, ist das Erstaunen über diese Unterschiedlichkeit groß.
- Oder wenn ein Mädchen beim Besuch einer Schulfreundin beim gemeinsamen Tischdecken feststellt, daß es im Haus der Freundin eine ganz andere „Tischkultur" gibt – Tischdecke, Unterdecke, Unterscheidung zwischen Tee- und Kaffeetassen, während man zu Hause Teller, Tassen etc. einfach auf den Küchentisch stellt.
- Oder wenn eine Japanerin auf die Frage, ob sie eine Tasse Kaffee möchte, antwortet: „nur, wenn es keine Umstände macht!" und dabei „gerne" meint.
- Oder wenn ein Amerikaner zu Ihnen sagt: „I will see what I can do for you." Und dies als ein höfliches „Nein." gemeint ist.

Das Fremdartige wahrzunehmen, ist der erste Schritt; eine Form des Umgehens damit zu finden, der zweite; in einen Verständigungsprozeß über das Andersartige und seine Hintergründe zu treten, etwas Drittes.

Wenn wir in unseren gesellschaftlichen Alltag schauen, stellen wir fest, daß der zweite Schritt häufig nicht gelingt und das Andersartige bekämpft wird. In Nordirland ist es die Religion (Katholiken gegen Protestanten), in Afrika ist es die Stammeszugehörigkeit (Hutu gegen Tutsi), in der Türkei sind es Volksgruppen (Türken gegen Kurden), in Deutschland sind es die Nationalitäten (Deutsche gegen Ausländer), die zu kämpferischen

Auseinandersetzungen führen, meist mit dem Ziel, den andersartigen zu verdrängen bzw. zu vernichten.

Was steckt hinter diesen Handlungen? Das Fremde macht angst, stellt das Eigene in Frage, ist bedrohlich. Durch das Abwehren wird die eigene Identität gestärkt.

Vielleicht sind dies krasse Beispiele, aber in ihnen stecken die **Muster**, die auch im Arbeitsalltag zwischen den Kolleginnen und Kollegen, zwischen den Mitarbeitern und Vorgesetzten, zwischen Männern und Frauen zum gegenseitigen Bekämpfen führen.

- Es handelt sich um **Stereotype**, Verallgemeinerungen wie „Ausländer sind...", „Italiener haben...", „Männer sind...", „Frauen können nicht..." etc.
- Es ist ein **Mangel an Weltbewußtsein**, der eigenen Wirklichkeit wird universelle Gültigkeit zugeschrieben.
- Es ist ein **Mangel an Selbstbewußtsein**, die eigene Identität ist unzureichend entwickelt.

Verlassen wir das Feld der großen Unterschiede und blicken in den Arbeitsalltag, so wird deutlich, daß wir uns tagtäglich an den großen und kleinen Unterschieden im KollegInnen- und Vorgesetzten- oder MitarbeiterInnenkreis reiben.

Die kleinen Reibereien finden ihren Ausdruck in folgenden Äußerungen:

- „Warum muß er sich persönlich wieder so hervortun, dabei war das doch ein Teamergebnis?!"
- „Das ganze Vorgehen ist viel zu langsam, was soll die ganze Beteiligung, da muß man mal ordentlich durchgreifen."
- „Diese ewige Herumreiten auf Fakten und Zahlen, manches muß man einfach aus dem Bauch heraus entscheiden. Man kann die Zukunft nicht im vorhinein berechnen, man muß auch mal was riskieren."
- „Die Idee ist ja schön und gut, aber es muß sie auch jemand umsetzen."
- „Kein Wunder, mit der Rhetorik steckt die jeden in die Tasche."
- „Jetzt nimmt sie schon wieder Rücksicht auf..., sie sollte mal lieber klare Grenzen setzen."
- „Diese englische Höflichkeit ‚being polite' hält alles butterweich: Da müßte man mal mit der Faust auf den Tisch hauen."

- „Wenn er doch nicht so eine belehrende Art hätte, könnte man seine Anregungen leichter annehmen."

Die Liste ließe sich unendlich fortsetzen. Bei genauerem Hinsehen stecken in den Äußerungen wieder die o. g. Muster: Verallgemeinerungen, Verabsolutierungen, mangelndes Selbstbewußtsein und mangelndes Selbstwertgefühl.

Unterschiede werden nicht **wertgeschätzt**, sondern **abgewertet**. Sie führen zu Abgrenzungen statt zu konstruktiver Vielfalt. Werfen wir noch einmal einen Blick auf die Beispiele und schauen auf die Unterschiede bzw. Gegensätze, die sie enthalten:

- Eigeninteressen – Teaminteressen
- Schnelles Durchgreifen – Beteiligung mit langsamerem Vorgehen
- Fakten – Intuition
- Idee – Umsetzung
- Kompetenz – Gefühl von Unterlegenheit
- Rücksicht – Grenzen
- Höflichkeit – Direktheit
- Belehren – Anbieten

Bei einigen Beispielen läßt sich leicht eine konstruktive Spannung denken, die, wenn sie aus dem Entweder-Oder herauskommt, zu einer integrativen Lösung führen kann z. B. bei „Fakten und Intuition" oder „Idee und Umsetzung" (Hintergrund: Verabsolutierung). Bei anderen Beispielen (Belehren; Gefühl der Unterlegenheit) ist eine Auflösung der Problematik eher darin zu sehen, daß hier Bewußtheit über die Situation hergestellt wird (Hintergrund: mangelndes Selbstwertgefühl).

Bei dem Beispiel „Rücksicht – Grenzen" kann es sich sowohl um eine Stereotype „männlich – weiblich" als auch um unterschiedliche Vorgehensweisen handeln.

An diesen recht einfachen Beispielen wird deutlich, daß es Sinn macht, ein Gespür für Unterschiede zu entwickeln. Wohin führt das? Es macht dem einzelnen deutlich, daß seiner Wirklichkeit keine universelle Gültigkeit zuzuschreiben ist und ihn nichts dazu berechtigt, das Andersartige „als falsch, lächerlich, dumm oder feindselig abzulehnen, [...] er begreift, daß seine Wirklichkeit nur eine von vielen möglichen ist und daß sie weder mehr noch weniger Anspruch darauf erheben kann, wirklicher als andere zu sein" (*Watzlawick* 1998,158).

Fremdartig, andersartig, eigenartig – wieviel müssen wir über die „eigene Art" wissen, damit uns die „fremde Art" nicht ängstigt, wir sie als anders wahrnehmen und möglicherweise, wenigstens in Teilen, verstehen können. Menschen können häufig mit dem Fremdartigen nicht umgehen, weil sie sich selbst fremd sind, weil das Eigene nicht bewußt ist, weil sie kein ausreichendes Gefühl für den Selbstwert haben.

Selbstwertgefühl und Selbstbewußtsein werden immer wieder als entscheidende Faktoren für die konstruktive Auseinandersetzung mit Andersartigkeit genannt (vgl. *Garfield* 1993, 363; *Reinke-Dieter* 1996, 50; *Delhees* 1994, 50).

Als entscheidende Schritte hin zu persönlicher Sicherheit und Selbstakzeptanz gelten im wesentlichen drei Dinge:

- **die Auseinandersetzung mit den eigenen Stereotypen.** Gemeint sind hier Verallgemeinerungen wie „Männer sind...", „Frauen können nur...", „Vorstände machen...", „Franzosen haben...", „Fußballfans sind..." etc. Wir haben bestimmte Verallgemeinerungen im Kopf. Ohne sie können wir mit der Komplexität um uns herum gar nicht leben. Entscheidend ist zu akzeptieren, daß auch ich persönlich über solche Stereotype verfüge, die ich mir in konkreten Handlungssituationen immer wieder aufs neue bewußt machen muß, damit sie nicht heimlich wirken und meine Entscheidungen ungeahnt beeinflussen.
- **Selbstanalyse, Selbstverstehen.** Gemeint ist das Wissen um die eigene Person, Kenntnisse der eigenen Stärken und Schwächen, der eigenen Neigungen, aber auch Ängste, Wahrnehmungsmuster etc. und der Selbstakzeptanz (vgl. Kap. 3).
- **die zwischenmenschliche Kommunikation.** Vor dem Hintergrund der Erkenntnis, wie subjektiv unsere Wahrnehmung ist und von wie vielen Faktoren sie beeinflußt wird (vgl. Kap. 1.2, 1.3 und 3.1), wird deutlich, daß soziale Kommunikation ein wichtiges Instrument im Zusammenspiel der Wirklichkeiten ist. Wenn wir mit anderen über unsere Wahrnehmungen sprechen, können wir uns wechselseitig unsere Bilder nachvollziehbar machen.

4.2 Feedback geben und annehmen

Das ursprünglich englische Wort „Feedback" hat in den letzten Jahren zunehmend einen Platz im deutschen Sprachgebrauch gefunden. Mit Feedback ist im allgemeinen „Rückmeldung" gemeint. Der Begriff stammt aus der Kybernetik und wird im Duden wie folgt definiert: „Feedback – ‚Rückfütterung': zielgerichtete Steuerung eines technischen, biologischen oder sozialen Systems durch Rückmelden der Ergebnisse, wobei die Eingangsgröße durch Änderung der Ausgangsgröße beeinflußt werden kann." (*Duden* ⁵1990, 248)

In der Literatur wird Feedback oft als eine reine Gesprächstechnik behandelt, mit der man das Verstehen von Sachaussagen überprüfen kann. Unser Verständnis von Feedback ist weitergehend. In unserem Kontext der **Personenwahrnehmung** verstehen wir Feedback als „...eine Mitteilung an eine Person, die diese Person darüber informiert, wie ihre Verhaltensweisen von anderen wahrgenommen, verstanden und erlebt werden" (*Antons* 1974, 108).

Ein so verstandenes Feedback ermöglicht einem Menschen eine Verortung in seinen sozialen Bezügen, über Feedback kann man seine eigene Wirkung auf andere erfassen. Es „ist der Versuch, im Miteinandersprechen mitzuteilen, was wir aneinander wahrnehmen, wie das Wahrgenommene auf uns wirkt und wie wir auf diese Wirkung reagieren" (*Slembek* 1998, 61). So gesehen ist Feedback ein dialogischer Prozeß, denn derjenige, der Rückmeldung gibt, macht auch eine Selbstaussage. Die Rückmeldung wirkt auf das Kommunikationsverhalten derjenigen Person, die sie erhält. „Man kann nicht **nicht** beeinflussen." (*Watzlawick* 1986, 15)

Was in der wechselseitigen Wahrnehmung passiert, läßt sich gut am sogenannten Johari-Fenster nachvollziehen (vgl. *Luft* 1971, *Delhees* 1993, 83 ff).

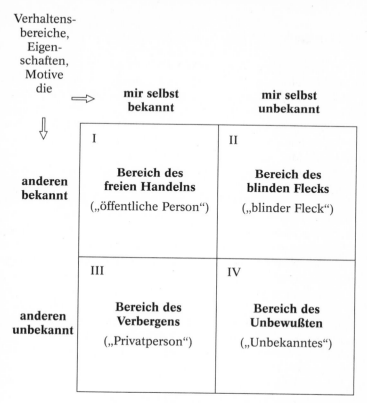

Verhaltens-
bereiche,
Eigen-
schaften,
Motive
die $\Longrightarrow$

	mir selbst bekannt	**mir selbst unbekannt**
anderen bekannt	I **Bereich des freien Handelns** („öffentliche Person")	II **Bereich des blinden Flecks** („blinder Fleck")
anderen unbekannt	III **Bereich des Verbergens** („Privatperson")	IV **Bereich des Unbewußten** („Unbekanntes")

Abb. 15: Das Johari-Fenster[1]

Im Johari-Fenster wird das Zusammenspiel zwischen zwei (oder mehreren) Personen bezogen auf Verhaltensweisen, die wechselseitig bekannt bzw. unbekannt sind, dargestellt.

(Die nachfolgende Beschreibung der Felder erfolgt aus der Ich-Perspektive, um die Möglichkeiten der Selbstreflexion zu erhöhen.)

Feld I: Dies ist der Bereich meiner öffentlichen Aktivitäten. Hier

---

1 Johari = Zusammenfassung der beiden Autorennamen *Joe* Luft/*Harry* Ingham

sind alle meine Verhaltensweisen, Eigenschaften, Motive, die ich bewußt zeige, einzuordnen. Sie können von anderen entsprechend wahrgenommen werden.

Feld II: Bei meinen öffentlichen Aktivitäten (Feld I) werden immer auch Dinge von mir deutlich, die mir selbst nicht bewußt sind, z. B. meine belehrende Art, wenn ich jemandem etwas erkläre; oder daß ich, wenn ich mich über etwas ärgere, eine bestimmte Haltung einnehme; oder daß ich, wenn ich unter Anspannung bin, häufig mit Büroklammern spiele, etc.

Feld III: Hier finden sich meine Gedanken, Verhaltensweisen, Ideen, Gefühle, Eigenarten, deren ich mir bewußt bin, die ich aber nicht mitteilen möchte. Im Grunde ist hier alles anzusiedeln, was ich hinter meiner „sozialen Fassade" verborgen halte.

Feld IV: Hier sind Verhaltensweisen, Auffassungen, Motive anzusiedeln, die ich zwar habe, die mir aber nicht bewußt sind und die andere auch nicht kennen (z. B. daß ich zu Menschen, die vergleichbare Verhaltensweisen wie mein älterer Bruder haben, automatisch auf Abstand gehe).

In der Darstellung als Modell sind alle Felder gleich groß gezeichnet. In der Lebensrealität variiert die Größe der Felder je nach Situation. In einer Situation, wo ich zum ersten Mal mit jemandem oder einer Gruppe zusammenkomme, wird Feld I verhältnismäßig klein sein, die anderen Felder sind dann entsprechend größer. In einer vertrauten Situation mit Personen, die ich schon sehr lange und gut kenne, kann Feld I sehr groß sein, die anderen Felder sind dann entsprechend kleiner.

Wie kommt es zur Veränderung der Größe der Felder?

Feld II verkleinert sich, wenn mir andere Personen Dinge, die sie an mir wahrnehmen, mitteilen. Sie tun dies in der Regel dann, wenn eine offene Atmosphäre herrscht und wir Vertrauen zueinander haben (⇨ *Ich bekomme Feedback.*).

Feld III wird dadurch kleiner, daß ich mich traue, vorher verborgen Gehaltenes öffentlich werden zu lassen. Dies wird dann geschehen, wenn ich zu Personen, mit denen ich zusammen bin/arbeite, Vertrauen habe und allgemein eine offene Atmosphäre vorhanden ist (⇨ *Ich öffne mich den anderen gegenüber.*).

Die Verkleinerung von Feld II und Feld III ist im Grunde ein wechselseitiger Prozeß. Schrittweises Sich-Öffnen ermöglicht Vertrauen (vgl. hierzu auch Kap. 5.3). Wenn es nicht mißbraucht wird, wächst die Offenheit, und man tauscht sich wechselseitig seine Wahrnehmungen aus. Es gibt verschiedene Formen kommunikativer Offenheit. Dabei handelt es sich einmal um **kognitive** Äußerungen, wie Selbstwissen, Gedanken, Überzeugungen, Werturteile oder Phantasien, dann um **affektive** Äußerungen wie Bedürfnisse, Affekte, Impulse, Konflikte oder Emotionen, und des weiteren um rein **faktenbezogene** Äußerungen, wie biografische und demografische Angaben. Das Ergebnis solcher Äußerungen ist immer das Gegen- und Zueinander von Verbergen und Offenbaren, Verheimlichen und Bekennen, Für-sich-Behalten und Anvertrauen, Verhüllen und Enthüllen *(Delhees* 1994, 399).

Feld IV kann ebenfalls verkleinert werden, und zwar durch angeleitete Selbstreflexion. Dies kann im Rahmen von Seminaren, Trainings, persönlicher Beratung, Supervision und Coaching geschehen. Mittels professionell eingesetzter Erkenntnismethoden kann ich in solchen Zusammenhängen Verhaltensweisen, Einstellungen, Motive, die mir bisher unbewußt waren, bewußt wahrnehmen. Die so gewonnenen Erkenntnisse nehme ich in der Regel erst mal nach Feld III, in den Bereich des für die Öffentlichkeit Verborgenen. Das neue Wissen ermöglicht mir einen größeren „privaten" Spielraum.

Aber ebenso wie bei der Verkleinerung von Feld II und III spielt auch hier Vertrauen eine wesentliche Rolle. Nur in Zusammenarbeit mit einem professionellen Trainer oder einer professionellen Beraterin, zu der/dem ich Vertrauen habe, werde ich mich öffnen (⇨ *Ich werde zur Selbstreflexion angeleitet.*).

Feedback kann bewußt gegeben und gezielt eingeholt werden. Es kann aber ebenso unbeabsichtigt und spontan erfolgen gemäß der Maxime von Watzlawick: Man kann nicht nicht kommunizieren.

Feedback, wie wir es bisher vorgestellt haben, ist ein Verfahren, mit dem man sich bewußt Rückmeldung zu seiner Person einholen kann. Es wird aber auch zur Leistungs- und Resultatkontrolle eingesetzt. In Lern- und Arbeitssituationen liefert das Feedback „dem Individuum diejenige Information, die es braucht, um sein

Verhalten korrigieren zu können, wenn es von selbst- oder fremd-gesetzten Standards abweicht." (Delhees 1994, 85)

Wird Feedback zur (Selbst-)Kontrolle von Leistungsverhalten eingesetzt, so rückt es in die Nähe des Kritikgesprächs, in dem es darum geht, inwieweit das Ist einem vorher festgelegten Soll entspricht.

Fröhlich unterscheidet für das Äußern von Kritik folgende zwei Möglichkeiten:

„Feedback ist die einzig mögliche, sinnvolle Form von Kritik, wenn Verhaltensweisen festgestellt bzw. abgestellt werden müssen, über die vorher **nicht** gesprochen wurde, über die vorher **kein Konsens** bestand.

- Kritikgespräche finden statt, wenn vereinbartes Soll und erreichtes Ist nicht übereinstimmen.
- Feedback ist dann einzusetzen, wenn kein Wertsystem vereinbart ist." (*Fröhlich* 1997, 83)

Diese beiden Positionen zeigen, daß der Begriff „Feedback" von verschiedenen Personen unterschiedlich verwendet wird. Dies sollte jeden dazu veranlassen, in Situationen, in denen es um Feedback geben und Feedback nehmen geht, zuerst zu klären, welches Verständnis zugrunde gelegt wird.

Festzuhalten bleibt in jedem Fall, daß Feedback als Rückmeldeinstrument mit Sorgfalt anzuwenden ist.

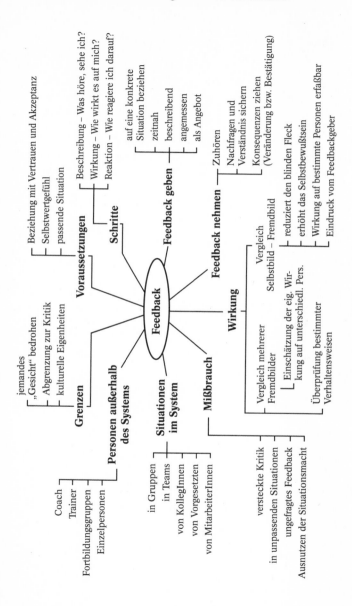

Abb. 16: Feedback

5. Umgang mit Konflikten und Störungen

> Wenn es um Konfliktlösung geht,
> weist unsere Kultur erhebliche
> Lücken auf. Wir sprechen so
> gerne vom Frieden, aber in
> unserem Denken können wir ihn
> nur erkämpfen.
>
> *De Bono 1987, 106*

Sie begegnen uns immer und überall, die großen und kleinen Konflikte der Ausnahmesituationen und des Alltags, die Konflikte der Menschheit an sich, der Menschen untereinander und die des einzelnen, die Konflikte im Beruf und im Privatleben. Sie alle haben eines gemeinsam: es stehen sich unterschiedliche Interessen gegenüber, die nicht gleichzeitig durchsetzbar oder zu verwirklichen sind. Nicht die unterschiedlichen Interessen oder Meinungen allein, sondern der Wunsch oder die Notwendigkeit, sie im selben Moment realisierten zu wollen, machen den Konflikt aus.

5.1 Konflikt und Konfliktentstehung

Von unserer Zielsetzung her gilt unser Augenmerk nun denjenigen Konflikten, die wir im betrieblichen Alltag wiederfinden und die wir als soziale Konflikte bezeichnen können. Voraussetzung für das Auftreten solcher Konflikte (nach *Rüttinger* 1977, 62 ff) ist einmal die Notwendigkeit koordinierten Handelns, d. h. die wechselseitige Abhängigkeit der Parteien; könnte jeder für sich arbeiten ohne Berührungspunkte zu anderen, käme es nie zu einem Konflikt. Zum anderen muß eine relative Selbständigkeit dieser Parteien bestehen, sie müssen sich eigene Ziele setzen und sie auch durchsetzen können.

In Anlehnung an eine Begriffsbestimmung und entsprechende Erläuterungen von *Rüttinger* (1977, 22 ff) definieren wir dann soziale Konflikte als

1. Spannungssituationen

2. zwischen zwei oder mehreren Rollen, die eine Person spielt, oder zwischen zwei oder mehr Parteien,
3. die sich ihrer Gegnerschaft oder Unvereinbarkeit mehr oder weniger bewußt sind,
4. die jeweils aufeinander bezogen oder voneinander abhängig sind,
5. und in denen mit Nachdruck versucht wird,
6. scheinbar oder tatsächlich unvereinbare Handlungspläne
7. zu verwirklichen.

Zu 1.: Es besteht ein gespanntes Verhältnis zu sich selbst oder zu anderen. Die Situation ist durch Streß, Angst oder Feindseligkeit gekennzeichnet. Sie wird als bedrohlich erlebt und kann nicht mehr auf einer sachlichen Ebene allein, sondern nur noch auf einer persönlichen oder gefühlsmäßigen Ebene verarbeitet werden.
Zu 2.: Handelt es sich um Spannungen zwischen zwei Verhaltenstendenzen in einem Menschen, dann wird dies als „**intrapsychischer**" oder innerer Konflikt bezeichnet. Dies können z. B. sein zwei verschiedene Prägungen (in dem von uns dargestellten Sinn), die gleichzeitig vorhanden sind, oder auch gegensätzliche Anforderungen an einen Menschen, z. B. der Rollenkonflikt zwischen den Aufgaben im Beruf und denen, denen jemand im Privatbereich gerecht werden will.

Ein „**interpsychischer**" oder zwischenmenschlicher Konflikt erfordert mindestens zwei handelnde Parteien oder organisatorische Gruppierungen. Die Spannungen können sich dann z. B. ergeben

- zwischen Kollegen der gleichen Ebene,
- zwischen Mitarbeiter und Vorgesetztem,
- zwischen verschiedenen Arbeitsgruppen einer oder verschiedener Abteilungen,
- zwischen verschiedenen Funktionsbereichen des Unternehmens,
- zwischen Stabsabteilungen und Linienabteilungen,
- zwischen Direktion und Außenstellen,
- zwischen Betriebsrat und Geschäftsführung,
- zwischen Praktikern und Theoretikern.

Selbstverständlich läßt sich diese Aufzählung beliebig und in unterschiedlichsten Richtungen fortführen. Wichtig ist aber immer, daß eine gewisse Eigenständigkeit der beteiligten Personen oder Gruppierungen gegeben ist und sie sich der eigenen Kompetenzen (oder auch Scheinkompetenzen bei unklaren Regelungen) bewußt sind.

Zu 3.: Es muß nicht immer gegeben sein, daß sich zwei Konfliktparteien auch tatsächlich als Gegner erkennen. Es genügt, wenn auch schon eine beteiligte Partei das Gefühl hat, daß jemand sie am Erreichen eines Zieles hindert, oder, wie Rüttinger dies nennt, den Gegner auch als solchen wahrnimmt. Nur wenn mehr oder weniger zufällig unterschiedliche Absichten zusammentreffen, die aber nicht offenkundig werden, dann kann der Konflikt ausbleiben – so lange aber nur, bis sich vielleicht doch noch eine der Parteien der Gegnerschaft bewußt wird.

Zu 4.: Bei einem inneren Konflikt müssen die verschiedenen Verhaltenstendenzen so beschaffen sein, daß bei einem Verhalten A (z. B. entsprechend der Prägung III) nicht gleichzeitig ein Verhalten B (z. B. nach der Prägung IV) gelebt werden kann. Auch könnte ein großes Engagement in der täglichen Arbeit zwangsläufig weniger Freizeit oder Zeit für die Familie bedeuten.

In einem zwischenmenschlichen Konflikt bedeutet gegenseitige Abhängigkeit, daß das Verhalten und die Zielerreichung der einen Partei Konsequenzen auf die Durchführung des Handlungsplans und die Zielerreichung der anderen Partei hat:

- Die Wahrscheinlichkeit, daß der eigene Plan ausgeführt werden kann, wird entsprechend erhöht bzw. auf der anderen Seite vermindert. Wenn beispielsweise Briefe zur stilistischen Korrektur dem Vorgesetzten vorgelegt werden müssen, kann ein Brief nach eigenem Stil nicht abgesandt werden; wird die Qualitätskontrolle in einem Fertigungsbereich diesem direkt übertragen, wird die entsprechende Kompetenz einer zentralen Stelle weggenommen.

- Je mehr die eine Partei ihr Ziel erreicht, um so weniger wird die andere Partei ihr Ziel verwirklichen können. Beispielsweise könnte in einer Besprechung in einer Abstimmung eine Mehrheit erreicht werden, die zwangsläufig die Meinung der unterlegenen Minderheit wertlos macht, sie hat „ihr Ziel verfehlt".

Zu 5.: Zumindest in einer der eingebrachten Interessen muß eine derartige Wichtigkeit begründet liegen, daß ein Mensch sein Interesse auch zwingend umsetzen will. Das Wort „Nach-Druck" weist von sich aus schon darauf hin, daß ein gewisser Druck zur Realisierung gegeben sein muß, sonst gäbe es den Konflikt nicht. Eine andere Frage wird später zu klären sein, ob diesem von innen heraus erlebten Druck immer nur kämpferisch nachgegeben wird oder ob auch andere Formen der Druckbewältigung oder -Verarbeitung denkbar sind.

Zu 6.: Mit Handlungsplänen sind Vorhaben angesprochen, die auch tatsächlich verwirklicht werden wollen. Und dabei kann in diesem Sinne nur das Vorhaben eines Beteiligten ausgeführt werden, das andere Konzept, die andere Idee bleibt zwangsläufig auf der Strecke. Beispielsweise kann der zuständige Mitarbeiter in der Schulungsabteilung eines Unternehmens seinem Vorgesetzten mit voller Überzeugung sein Konzept für das neue Fortbildungsprogramm vorlegen, was dieser jedoch ohne Rücksprache stark beschneidet, weil er die verfügbaren Mittel mehr als bisher in die Berufsausbildung der Lehrlinge investieren will. Oft ärgern sich Menschen schon im vorhinein darüber, daß „das bestimmt wieder nichts werden wird", was sie sich eigentlich vorgenommen haben. Sie unterstellen einen konträren Handlungsplan, der so nicht einmal „wahr" sein muß. Aus einer scheinbaren objektiven Wahrheit wird ein subjektives Erleben, das zu einem kürzer oder länger andauernden Konflikt führen kann.

Zu 7.: In dem Wunsch, einen eigenen Handlungsplan auch zu verwirklichen, ist die dynamische Komponente eines Konflikts begründet. Wie wir in dem später unten dargestellten Modell des Konfliktablaufes sehen werden, können die Handlungen von einer oder auch beiden Konfliktparteien unterschiedliche Formen annehmen, die situations- und personenabhängig sind: von einem aktiven Vorgehen (z. B. heftigen Wortgefechten oder Auslassen der Wut an völlig unbeteiligten Personen) bis zu passivem Reagieren (z. B. Rückzug in die innere Kündigung) sind viele Varianten des sichtbaren oder nicht sichtbaren Handelns denkbar. Immer steht dabei der Versuch im Vordergrund, auch mit den scheinbar ungeeignetsten Mitteln den eigenen Plan voranzubringen. Nicht selten genug fördert der „blinde Fleck", wie beim Johari-Fenster dargestellt (vgl. S. 79), solche aussichtslosen Bemühungen, die aber für den Betroffenen immer noch eine zumindest subjektiv begründete Chance darstellen.

Aus der Fülle von Klassifikationen zur Konfliktentstehung soll hier ein entscheidungsorientierter Ansatz herausgegriffen werden (vgl. *Kupsch/Marr* 1982, 548 ff; *Rüttinger* a.a.O., 31 ff), weil dieser dem subjektiven, d. h. handlungsorientierten und dabei personenbezogenen Ausgangspunkt unserer Überlegungen am besten entspricht: Als Entscheider stehen wir immer vor einer Reihe von Handlungsalternativen, unter denen wir auswählen müssen. Wie wir uns aber entscheiden, hängt von unseren Erfahrungen ab, also von allen Einflüssen, die wir im Laufe unseres Lebens individuell für uns verarbeitet haben und aus denen unser Lebensstil geworden ist.

Konflikte können demnach aus folgenden Ursachen entstehen (siehe auch Abbildung 17):

• **Beurteilungs- oder strukturelle Konflikte** ergeben sich, wenn verschiedene Personen Entscheidungen treffen sollen, bei denen sie bestimmte Ergebnisse unterschiedlich beurteilen. So könnte beispielsweise die Entwicklung eines neuen Produktes ganz auf seine technische Funktion hin abstellen, während der Vertrieb verkaufsfördernde, marktgerechte Gesichtspunkte in den Vordergrund stellen möchte. Das Grundproblem liegt hier vor allem in der organisatorischen Trennung von Arbeitsbereichen und ihren jeweiligen spezifischen Zielen, insbesondere damit verbunden auch mit einem unterschiedlichen Informationsstand. Was die Mitarbeiter selbst betrifft, können es unterschiedliche Erfahrungen, unterschiedlicher Zugang zu Informationen oder die unterschiedliche Art der Verarbeitung von Informationen sein.

• **Bewertungs- oder Verhaltenskonflikte** beruhen darauf, daß Mitarbeiter oder Arbeitsgruppen Handlungspläne realisieren wollen, deren Nutzen oder Ergebnisse sie unterschiedlich bewerten. Beispielsweise möchte ein Mitarbeiter seine Arbeit in Ruhe und konzentriert erledigen, während die nachgelagerte Stelle in einer anderen Abteilung schnellstmöglich das Ergebnis erwartet, um selbst weiterarbeiten zu können. Für einzelne und Gruppen sind eben nicht nur formale Normen und Werte bedeutsam, sondern fast noch mehr die informalen oder persönlichen Zielvorstellungen, wie sie insbesondere in den in den vorangegangenen Kapiteln beschriebenen Persönlichkeitsprägungen zum Ausdruck kommen.

- **Verteilungskonflikte** entstehen dann, wenn die im Unternehmen vorhandenen Mittel den Ansprüchen der einzelnen Mitarbeiter oder Gruppierungen nicht gerecht werden. Dabei kann es sich um Sach- und Finanzmittel oder Personalausstattung handeln, aber auch um persönliche Anreize für den einzelnen Mitarbeiter. Solche Statussymbole könnten z. B. sein die Art und der Umfang der Tätigkeit, das Maß an Selbständigkeit, innerbetriebliche Titel, Raumausstattung, Einbindung in den Kommunikationsfluß. Hier geht es also insbesondere um die Macht, die eine Person oder eine Gruppierung bei der Verteilung der materiellen und immateriellen Güter für sich beanspruchen kann.

Dazu können noch konfliktfördernde Bedingungen treten (*Rüttinger* 1977, 89 ff.). Sie können einmal in bestimmten Persönlichkeitsmerkmalen zum Ausdruck kommen, wie z. B. in der Reaktion auf Frustration. Ein selbstsicherer Mensch mit vielen Erfolgserlebnissen wird sich durch ein Hindernis nicht so leicht aus der Fassung bringen lassen; ein unsicherer Mensch dagegen fühlt sich schnell in seinem Selbstwertgefühl bedroht, wenn er seine Interessen nicht in dem Maß durchsetzen kann, wie er eigentlich möchte. Ein anderes Persönlichkeitsmerkmal ist die Reaktion auf Abhängigkeit, also wie hat jemand Abhängigkeit etwa in Form von Angst oder Minderwertigkeit erlebt und für sich verarbeitet.

Andere konfliktfördernde Bedingungen können in organisatorischen Gegebenheiten begründet liegen, z. B. vor allem in der Gruppengröße. Mit der Gruppengröße ändert sich ja die Qualität und Intensität der Beziehung der einzelnen Gruppenmitglieder untereinander, im Positiven wie im Negativen. So kann eine kleine Zweiergruppe schnell auseinanderfallen, wenn die beiden Personen ständig miteinander im Konflikt sind. Andererseits kann eine Gruppe von 12 oder 15 Personen leicht dazu neigen, einzelne in der Gruppe zu überstimmen, nicht zum Zug kommen zu lassen und damit ebenfalls Konflikte heraufbeschwören.

Im betrieblichen Alltag lassen sich diese hier geschilderten unterschiedlichsten Konfliktursachen in aller Regel nicht isoliert finden, sondern treten mehr oder weniger vermischt auf. Trotzdem

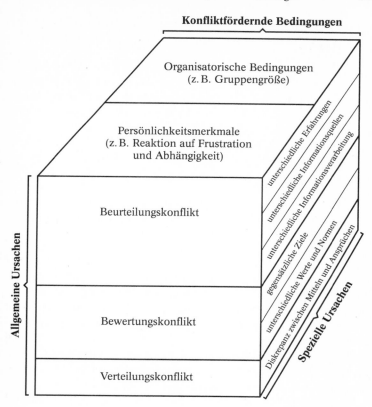

Abb. 17: Der „Konfliktwürfel" – Mögliche Ursachen der
Konfliktentstehung

kann es hilfreich sein, in einer Konfliktanalyse die Situation von
diesen verschiedenen Seiten aus zu sehen. Wie wir an einem Würfel durch Drehen seine verschiedenen Seiten betrachten können
und es sich dann doch immer wieder um den selben Würfel handelt, gilt dies auch für den „Konfliktwürfel": wir erkennen die unterschiedlichen Dimensionen der möglichen Ursachen eines Konfliktes und können die Situation klarer sehen und damit besser
verstehen.

5.2 Konfliktablauf nachvollziehen

Was aber geschieht nun im einzelnen, wenn es zum Konflikt gekommen ist, welche Handlungen kann die betroffene Person vornehmen? Dies wollen wir jetzt schrittweise anhand eines Ablauf-
schemas darstellen und die jeweiligen Entscheidungsspielräume
erläutern. Dabei bedeuten die Symbole

◻ = Handlungen

◇ = Entscheidungen: Ja oder Nein

Ausgangspunkt unserer Überlegungen (**Abbildung 18**) ist die Situation, daß ein Mensch in seinem Handeln ein bestimmtes Ziel
verfolgt. Die Motive des Handelns ① ergeben sich aus einer Situation oder Aufgabe, der sich dieser Mensch gegenübersieht. *Adler* (1931/1979, 188 ff) bietet mit der Einteilung von grundsätzlichen Lebensaufgaben eine Art Situationstypologie an (siehe
hierzu auch den Schlüsselbegriff „Lebensaufgaben"). Alle Handlungen können demzufolge den Aufgaben im Bereich Arbeit und
Beruf, der sozialen Beziehung zu und der Kooperation mit anderen Menschen sowie der partnerbezogenen Liebe und Sexualität
zugeordnet werden.

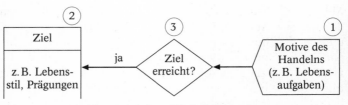

Abb. 18: Die konfliktfreie Situation

Zum Schlüsselbegriff „Lebensaufgaben"

Im Werk *Alfred Adlers* steht die Art der Bewältigung von Lebensaufgaben im Zentrum der Überlegungen. Dies begründet sich darin, daß das Streben nach erfolgreicher Lösung eines Problems eines der wichtigsten Prinzipien des Lebens darstellt und sich in der Art, wie jemand bei dieser Problemlösung zu Werke geht, der Lebensstil zeigt (*Antoch* 195, 280). Mit Lebensstil meint *Adler* – kurz gesagt – „das Ganze seiner Eigenart" (*Adler* 1933/1973, 118).

„Die drei Bindungen, in denen jeder Mensch sich vorfindet, stellen die drei großen Aufgaben des Lebens dar; aber keine Aufgabe kann für sich allein gelöst werden; jede verlangt eine erfolgreiche Annäherung an die beiden anderen. Zuerst sind wir gebunden an die Aufgabe der Arbeit. ... Es war schon immer die Aufgabe der Menschheit, die rechte Antwort auf das Problem der uns vorgegebenen Bedingungen zu finden; ... In jedem Zeitalter hat die Menschheit eine Lösung auf einem bestimmten Niveau erreicht, aber es war immer notwendig, um Verbesserung und weiteren Fortschritt zu ringen. Das beste Mittel zur Bewältigung dieser Aufgabe ergibt sich aus der Lösung der zweiten: Das zweite Band, das uns fesselt, ist die Tatsache, daß wir Menschen sind und mit anderen Menschen zusammenleben. ... Wir müssen immer mit unseren Mitmenschen rechnen, uns an sie anpassen und an sie denken. Diese Aufgabe wird am besten gelöst durch Freundschaft, Gemeinschaftsgefühl und Zusammenarbeit. ... Nur weil die Menschen es lernten, zusammenzuarbeiten, war die große Entdeckung der Arbeitsteilung möglich. ... Durch die Arbeitsteilung können wir die Ergebnisse vieler verschiedener Kunstfertigkeiten vereinigen. ... Die dritte Bindung besteht darin, daß jeder Mensch Mitglied des einen der zwei Geschlechter ist und nicht des anderen. Auf seiner Annäherung an das andere Geschlecht und der Erfüllung seiner Geschlechtsrolle beruht sein Anteil am Fortbestand der Menschheit. Auch diese Beziehung der Geschlechter zueinander setzt Aufgaben; und auch sie können nicht allein für sich, getrennt von den beiden anderen Aufgaben gelöst werden. Zur erfolgreichen Lösung des Liebes- und

Eheproblems ist eine Beschäftigung gemäß den Gesetzen der Arbeitsteilung ebenso notwendig wie eine gute und freundliche Beziehung zu anderen Menschen. ...

Diese drei Aufgaben werden nie voneinander getrennt angetroffen, sie sind ineinander verzahnt und bedingen sich gegenseitig; die Lösung der einen verhilft zur Lösung der anderen; und in der Tat können wir sagen, daß sie verschiedene Seiten derselben Lage und derselben Frage sind – der für jedes menschliche Wesen gegebenen Notwendigkeit, in der Umwelt, in der es sich vorfindet, Leben zu bewahren und fortzusetzen." (*Adler* 1931/1979, 188 f)

Dieses Handeln aus den Lebensaufgaben heraus ist auf ein Ziel ② hin ausgerichtet, das aus dem grundsätzlichen Lebensplan oder Lebensstil dieses Menschen bestehen kann oder, daraus abgeleitet, seinen typischen Persönlichkeitsprägungen, oder allen größeren oder kleineren Wunschvorstellungen (vgl. hierzu auch Kap. 3.3). Der Mensch lebt mit sich im Einklang, wenn er dieses Ziel oder diese Ziele erreichen kann ③, er befindet sich in keinem Konflikt. Wer sein Handeln immer und überall auf die in seinen Prägungen liegenden Zielvorstellungen abstimmen kann, wird in allen Bereichen weitgehend konfliktfrei leben. Nun kann es zwar sein, daß er selber seine Ziele erreicht, dabei aber gleichzeitig anderen deren Zielerreichung unmöglich macht, so daß also diese in Konflikt kommen. Dann sind diese anderen in derselben Situation wie „unser" Mensch, wenn er seine Ziele nicht erreichen kann, weil ihm andere Ziele entgegenstehen. Er wird am Erreichen seines Ziels gehindert, jetzt befindet er sich im Konflikt. Wie oben dargestellt, kann sich diese Interessenkollision aus der unterschiedlichen Beurteilung oder Bewertung der Situation oder der unterschiedlich erlebten Verteilung der Mittel ergeben. Für die Entstehung des Konfliktes ist dies unerheblich, es kann aber später bei den unterschiedlichen Alternativen im Umgang mit dem Konflikt eine Rolle spielen. Mehr dazu dann weiter unten.

Jetzt entsteht mehr oder weniger bewußt und deutlich das Gefühl, am Erreichen eines Zieles gehindert worden zu sein (**Abbildung 19**). Dieses Gefühl wird Frustration genannt ④, es löst den

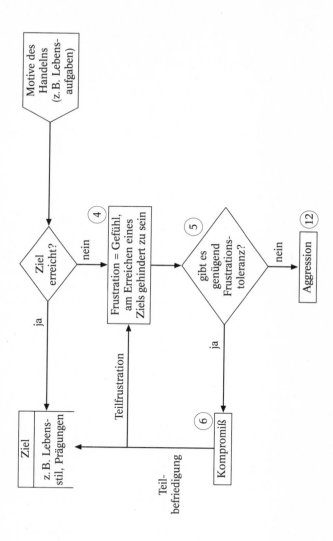

Abb. 19: Die Wirkung der Frustrationstoleranz

(subjektiven) Eindruck von Unzulänglichkeit und Minderwertigkeit aus, der Mensch fühlt sich in dieser Situation klein und ohnmächtig. Entscheidend für das, was daraus wird, ist einmal die Wichtigkeit und Bedeutung des gerade gewollten Ziels, aber vor allem auch die Art und Weise, wie der Mensch gelernt hat, mit solchen Frustrationen umzugehen, also wie stark seine Frustrationstoleranz ⑤ ist. Wer nach Wegen zur Überwindung von Hindernissen sucht, sich in neuen, auch schwierigen Situationen zurechtfindet, mit Anpassungsfähigkeit, Einfallsreichtum, schöpferischer Wahl der Mittel (*Künkel* 1975, 17 ff), wird die Frustration aushalten und mit ihr umgehen können. Wer aber bisher immer alles erreichen und durchsetzen konnte, was er wollte, wer nie verzichten mußte, wem ein „Nein" ein Fremdwort ist, der wird schneller keinen anderen Handlungsspielraum mehr sehen als mit Aggression ⑫ auf diese Situation zu reagieren. Das gleiche gilt auch für Menschen, bei denen sich z. B. in ihrer Kindheit oder auch in späteren Enttäuschungserlebnissen eine aggressive Kraft zusammengeballt oder aufgestaut hat.

Bleiben wir erst noch bei den Verarbeitungsformen, die sich bei vorhandener Frustrationstoleranz ergeben können. Es liegt nahe, auch in der frustrierten Situation noch nach einer möglichen Lösung zu suchen. Das Ergebnis ist ein Kompromiß ⑥, bei dem jeder der Beteiligten einen Teil seiner Ziele erreicht, jedoch auch mit einem „Restfrust" leben muß. Da Kompromiß niemals eine Teilung zu je 50 % bedeuten muß, kann ein Kompromiß auch zu Gunsten oder zu Lasten eines Menschen ausfallen. Insbesondere sehr kompromißfähige und -willige Menschen wie diejenigen mit der Prägung IV werden Kompromisse zu ihren Lasten hinnehmen und dabei Restfrustration ansammeln. Dies kann dazu führen, daß dann irgendwann einmal die Frustrationstoleranz nicht mehr ausreicht, um einen weiteren Kompromiß zu schließen; ein aggressiver Wutausbruch oder ähnliche Reaktionen, wie sie bei einem solchen Menschen „normal" nicht erwartet werden, könnte dann aber der Fall sein – zur Verwunderung aller, die diesen Hintergrund nicht kennen.

Ist eine Lösung an dieser Stelle aber nicht machbar, bleibt zunächst die Frage (**Abbildung 20**), ob das eingangs gesetzte Ziel verändert werden kann ⑦. Dies ist, wie bereits erwähnt, die Frage

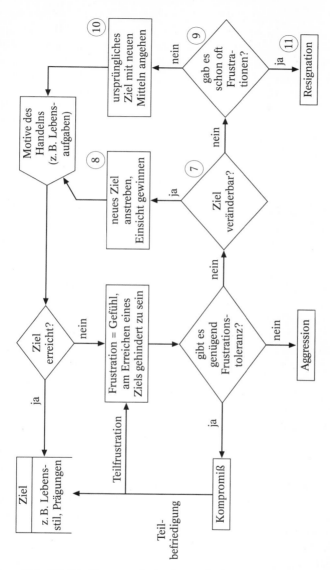

Abb. 20: Die Frage nach der Veränderbarkeit der Ziele

nach Anpassungsfähigkeit, Flexibilität und Kreativität. Gelingt es, Einsicht in die Zusammenhänge zu gewinnen ⑧, dann können aufbauend auf dieser Einsicht neue Ziele gesetzt werden. Dies könnte geschehen

- durch Rückgriff auf andere Lebensziele, die aufgrund der eigenen Prägungen denkbar und umsetzbar sind (z. B. wegen mangelnder Anerkennung der Ideen durch den Vorgesetzten = „Überlegenheit leben wollen" könnte ein Mitarbeiter auf korrektes, zielstrebiges Arbeiten ausweichen = „Kontrolle praktizieren", wenn dies in der Skala seiner Ausprägungen gegeben ist). Je größer aber der Abstand zur nächsten Prägung ist, desto schwieriger wird es, in dieser Situation andere Möglichkeiten wahrzunehmen.
- durch Verlagerung in eine andere Lebensaufgabe, d. h. Ausleben der vorrangigen Prägung in einer anderen Situation. Vielfach ist heute zu beobachten, daß Menschen in ihrem Beruf sich nicht voll ausgelastet oder nicht ernst genommen fühlen und damit ihre eigenen Fähigkeiten, die sich aus den jeweiligen Prägungen ergeben, im Arbeitsbereich nicht oder nicht voll einbringen können. Sie suchen sich dann beispielsweise im Freizeitbereich ihre Anerkennung, indem sie dort Führungsaufgaben in Vereinen übernehmen oder durch künstlerische oder sportliche Aktivitäten in Erscheinung treten.

Sind die Ziele dagegen nicht (mehr) veränderbar ⑦, dann hängen die weiteren Handlungen davon ab, wieviel Frustration der Mensch bisher schon erleben mußte ⑨. Bei gewisser Charakterstärke, also wenn ihm noch nicht allzu viel Entmutigung widerfahren ist, dann wird er versuchen, das ursprüngliche Ziel doch noch zu realisieren, indem er auf andere Mittel und Wege als bisher praktiziert zurückzugreifen versucht ⑩. Wirkt ein Vorgesetzter morgens sehr schnell herablassend und abweisend, wird er vielleicht nach seiner Mittagspause eher ansprechbar sein; wenn der Kollege einer nachgelagerten Dienststelle gerne an Tabellen und Zahlenaufstellungen herumkritisiert und daran herumnörgelt, so vermindert sich diese Reaktion vielleicht, wenn er dazu grafische Übersichten mitgeliefert bekommt. Werden auch alle diese Bemühungen zunichte gemacht und stellen sich immer und immer wieder Mißerfolgserlebnisse ein, dann bleibt – bei noch immer gegebener Frustrationstoleranz – nur der Ausweg ⑪ zu resignieren: „Ich kann machen, was ich will – es wird einfach nichts, aber auch wirklich nichts akzeptiert!" Der Mensch versucht zwar alles wegzustecken, er leidet aber unter der gegebenen Situation. Je nach Dauer und Stärke kann dies zur Depression führen, in der aus dem Konflikt letztlich eine tiefe Störung wird. Merkwürdigerweise läßt sich auch dies noch als eine wenn auch gestörte Form der Zusammenarbeit sehen, denn betrachtet man die in der frühen Kindheit gebildeten unbewußten Lebensstilirrtümer eines Depressiven, dann finden sich darin u. a. folgende Elemente (nach *Porep* 1995, 87 f.):

- „Ich bin klein, schwach, untüchtig, schlecht, allein dem Untergang geweiht."
- „Die anderen sind egoistisch, rücksichtslos, falsch, böse, ... gehen selbst über Leichen, sind freiwillig nie zur Hilfe bereit."
- „Die Welt ist ein schreckliches Jammertal, grau in grau, lebensfeindlich; das Leben ist ... eine schwere Last ohne Freude, ohne Lohn."
- „Ich will mir, erhoben und gestützt durch meine Helfer, eine moralisch untadelige Position sichern."
- „Ich muß mich ... mit aller Macht jeder habbaren Hilfe versichern ... Dazu muß ich Armer (bis zum Verarmungswahn) tieftraurig und unfähig schwach ... Helfer aktivieren."

Der Depressive versucht, seine Mitmenschen mit dieser unbewußten Haltung für sich einzuspannen, an sich zu ketten. In seiner passiv-destruktiven Haltung durch die scheinbare eigene Schwäche und Hilflosigkeit läßt er die anderen für sich arbeiten. Ein Ausweg könnte darin bestehen, daß er z. B. in einer Psychotherapie wieder lernt, lösbare Aufgaben und überwindbare Schwierigkeiten anzugehen.

Reicht die Frustrationstoleranz ⑤ nicht mehr aus, um einen der bisher beschriebenen Wege zu gehen, bleibt dem in den Konflikt geratenen Menschen zwangsläufig der Rückgriff auf Aggressionen (**Abbildung 21**). Diese urmenschliche Reaktion diente unseren Vorfahren dazu, „mit allen mobilisierbaren Kräften" auf Nahrungssuche zu gehen oder in Gefahrensituationen die Flucht zu ergreifen (vgl. u. a. *Vester* 1997, 230 f.). So müssen auch die im beruflichen Konflikt entwickelten aggressiven Kräfte wieder abge-

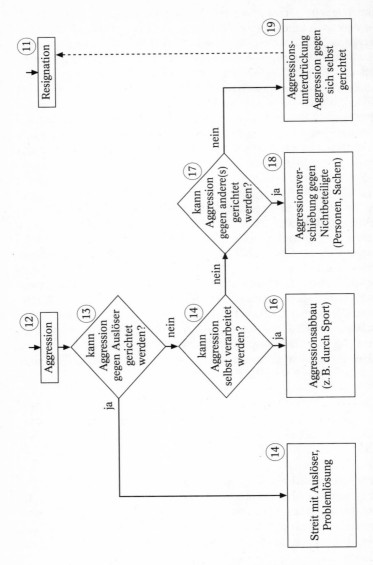

Abb. 21: Wege der Aggressionsverarbeitung

baut werden. Logischerweise stellt sich als erstes die Frage ⑬, ob die Aggression gegen den Auslöser des Konfliktes gerichtet werden kann. Denn wo die Aggression ihre Wurzel hat, dorthin sollte sie auch wieder zurückkehren. Den Beteiligten muß klarwerden, daß ein Konflikt verursacht wurde, ob zu Recht oder nicht, ob fremd- oder eigenverursacht bleibt dahingestellt. Es kommt zum Streit zwischen den Beteiligten ⑭. Immerhin ist dies immer noch besser als nichts zu tun, denn „Streiten verbindet", wie ein amerikanischer Buchtitel sagt (*Bach/Wyden* 1997). Solange wenigstens diese streitige Beziehung noch besteht, bleibt eine Chance zur Lösung des Konfliktes. Besser wäre es sicherlich, wenn alle beteiligten Konfliktparteien gelernt hätten, in einer solchen Situation „richtig" miteinander umzugehen, d. h. in gegenseitigem Respekt zu versuchen, den Konflikt zu lösen. Ein Unternehmen wäre gut beraten, eine gewisse Konflikt- oder Streitkultur zu pflegen (mehr hierzu im nächsten Abschnitt 5.3), in der alle Organisationsmitglieder sich der Chancen bewußt sind, die eine direkte Auseinandersetzung bietet. Das chinesische Schriftzeichen für „Krise" zeigt dies sehr bildhaft, wenn es das Wort „Krise" aus zwei Teilschriftzeichen formuliert, nämlich „Gefahr" und „Chance" (siehe Abbildung 22). Diese Chance gilt es wahrzunehmen, dies setzt aber auch voraus, daß alle Beteiligten dazu bereit sind. Bleibt es dagegen beim Streit im klassischen Sinne, in dem nur gegenseitig Vorwürfe gemacht werden, ohne sich anzuhören, ohne aufeinander einzugehen und ohne eine Lösung zu wollen, oder bei einem Streit, in dem eine der Parteien das Problem nicht an sich heranläßt oder strikt ablehnt, wird der Konflikt weiter schwelen. Wir sprechen hier von einem latenten Konflikt, einem Konflikt also, der mehr oder weniger unterschwellig weiter vorhanden ist. Er wird so lange bestehen bleiben und sich möglicherweise sogar noch verstärken, solange entweder der Konfliktträger (z. B. der frustrierte Mitarbeiter) einen anderen Weg der seelischen Entlastung gefunden hat, oder es ihm aber gelingt, den Auslöser (z. B. den abwehrenden Kollegen) von der Notwendigkeit zu überzeugen, daß hier noch ein offenes Problem (zumindest für ihn, den Konfliktträger) besteht und sie sich dringend darüber aussprechen müssen.

Kann die Aggression nicht wie beschrieben gegen den Auslöser

Abb. 22: Chinesisches Schriftzeichen für „Krise": das linke
Zeichen bedeutet „Gefahr", das rechte „Chance"
(zitiert nach *Sonneck* 1985, 99)

gerichtet werden, steht der frustrierte und aggressiv gewordene
Mensch vor der Frage ⑮, ob er selbst die Streßhormone, die durch
die Aggression aufgebaut wurden, durch irgendeine sinnvolle
Tätigkeit wieder abbauen kann. Eine solche aktive Selbstverar-
beitung ⑯ könnte z. B. in sportlicher oder künstlerischer Betätigung liegen, aber nicht nur hier, sondern in allen Bereichen, die
subjektiv als „Ausgleich" empfunden werden. Wir gleichen die
überschüssigen und sonst nicht abbaubaren Aggressionshormone
durch Aktivitäten im Beruf, in der Freizeit, in der Partnerschaft
aus, also wieder im Bereich derselben oder der anderen Lebensaufgaben. Dort, wo wir den wirklichen Ausgleich finden, können
wir für die seelischen Belastungen des Berufes wieder auftanken
und zu neuen Kräften kommen, die es uns leichter machen, neue
Frustrationen zu ertragen oder zu verarbeiten.

Sieht der Mensch aber keine Möglichkeit der sinnvollen Aggressionsverarbeitung ⑮, liegt es nahe, daß er versucht, sie gegen
andere oder anderes zu richten ⑰. Dies führt zur Aggressionsverschiebung ⑱ gegen nicht beteiligte und damit außerhalb des Konflikts stehende Personen oder Sachen. Oft müssen Schwächere für
den Frust herhalten, den dieser aggressiv gewordene Mensch er-
litten hat, den er jetzt abladen muß und aus dem vielleicht ein solcher „Frustkreislauf" wird:
– vom Vorgesetzten, der seinen Frust bei unbeteiligten Mitarbeitern rausläßt;

- über den Mitarbeiter, der sich zu Hause an seinen Kindern wütend abreagiert;
- zu den Kindern, die sich an den Haustieren durch Quälereien zu entladen versuchen.

Es ist auch immer wieder zu beobachten, daß Menschen frustriert von ihrer Arbeit nach Hause fahren und im Straßenverkehr ihre Frustration ablassen, durch aggressives, rücksichtsloses Verhalten. Andere Formen der Aggressionsverschiebung zeigen sich im Beschädigen fremden Eigentums, in der Zerstörungswut an öffentlichen Einrichtungen oder ähnlichen „Zeiterscheinungen". Die Aggression wird in dieser Art und Weise abreagiert, weil offensichtlich keine Gelegenheit besteht oder der Mut fehlt, sie an die richtige Stelle, also den eigentlichen Auslöser zu richten.

Ist die Entmutigung dagegen so weit fortgeschritten, daß auch dieser Weg der Aggressionsverschiebung unmöglich erscheint, bleibt nur noch ⑲ die Unterdrückung der Aggression. Aus den bisher geschilderten Formen einer aktiven Aggressionsverarbeitung wird hier eine passive Ausprägung der Konfliktbewältigung; der Mensch richtet die Aggression gegen sich selbst. Die nicht abreagierte Aggression führt zu einem Gefühl der „ohnmächtigen Wut", aus einer Explosion wird eine Implosion (*Ringel* 1995, 436). Vielfältig sind die möglichen Folgen dieser Aggressionsunterdrückung oder besser gesagt der Selbstaggression (Autoaggression). Auch hier spielt wieder einmal das Maß der Frustration, also die Bedeutsamkeit des gesetzten Zieles ③ eine Rolle. Zum anderen wird der Mensch je nach seiner Prägung zu den für ihn „verfügbaren", d. h. in seinem Blickfeld oder Handlungsfeld liegenden Verarbeitungsformen greifen, die bis zur Selbstzerstörung gehen können. Denkbar sind neben vielen anderen vor allem diese Folgen:

- übermäßiger Alkohol- und Nikotinkonsum sowie Einnahme von Medikamenten und Drogen;
- alle anderen Arten von Süchten (z. B. Abenteuer- und Freizeitsucht, Arbeitssucht, Sexsucht);
- psychosomatische Krankheiten (z. B. Magengeschwüre, Herzbeschwerden, Hautkrankheiten, Atembeschwerden);
- Selbstmordversuch oder Selbstmord direkt im Sinne einer Rachetendenz an anderen.

Letztlich weisen alle diese Erscheinungen auf auswegiose Situationen hin. Wir haben es hier mit unterschiedlichen Ausprägungen zu tun, in denen das sogenannte aggressive Potential im Menschen, das ja nur scheinbar passiv bleibt, zu einer wahren „Flucht in Alkohol, Arbeit, Krankheit, usw." wird.

Wer an dieser Stelle in seinem individuellen Ablauf der Konfliktverarbeitung gelandet ist, kann in aller Regel nur durch eine fundierte Psychotherapie geheilt und in den „normalen" Arbeitsalltag zurückgebracht werden. Damit es gar nicht erst so weit kommt, müßten (in Anlehnung an *Ringel* 1995, 439) in der Erziehung von Kindern, der Ausbildung von jungen Menschen und der Führung von Mitarbeitern Konsequenzen gezogen werden:

a) durch Ermutigung ein gutes Selbstwertgefühl aufbauen und einer „lustvollen" Durchdringung des Lebensraumes in allen Lebensaufgaben – verbunden mit vielen Wertverwirklichungsmöglichkeiten – den Weg ebnen;

b) durch erlebte Harmonie in Familie, Schule, Ausbildung und Arbeitsgruppe und durch Erlernen des zwischenmenschlichen Dialogs Voraussetzungen schaffen zum Gelingen der eigenen Beziehungen, um damit einer inneren Vereinsamung vorzubeugen;

c) durch das Erfahren gemeinsamer Krisenbewältigung in Familie, Schule und Arbeit eine bessere Meisterung von situativer Not ermöglichen, die niemandem im Leben erspart bleibt;

d) nicht nur den Verstand schulen, sondern auch dafür sorgen, daß wir lernen, unsere Gefühlswelt zu entdecken und sie dadurch unter eine gewisse Kontrolle zu bringen, somit nicht in einer Krise zum Opfer der eigenen eingeengten Sichtweisen zu werden;

e) durch echte verständnisvolle Zuwendung unnötige Frustrierungen vermeiden, Erziehung und Führung nicht mit Machtausübung verwechseln, Vertrauen und Zufriedenheit entwickeln helfen, die am besten jene Aggressionspotentiale verhindern, die sich gegen die eigene Person wenden;

f) dem heranwachsenden und dem mitarbeitenden Menschen auf möglichst vielen Ebenen das Gefühl geben, dem Leben und seinen verschiedensten Aufgaben gewachsen zu sein; es hat dann keiner nötig, „auszusteigen" oder in Scheinwelten zu flüchten. Damit können wir den Konfliktablauf mit seinen diversen

Handlungsspielräumen noch einmal im vollständigen Überblick darstellen (siehe Seiten 106 und 107).

Welche Schlußfolgerungen lassen sich aus dem Wissen um einen solchen Konfliktablauf ziehen? Einmal heißt, um die eigene Persönlichkeitsprägung zu wissen, durchaus nicht immer, Konflikte vermeiden zu können. Da in Konflikten ein großes Potential zu Veränderungen steckt, wäre dies vielleicht auch gar nicht wünschenswert. Aber wir könnten aus der Erkenntnis dieser Abläufe heraus vor und in einem Konflikt versuchen, die eigene Belastbarkeit und damit auch die Frustrationstoleranz zu erhöhen, indem wir die in unseren Prägungen liegenden Stärken bewußter nutzen und auch die nachrangigen Verhaltensmöglichkeiten einsetzen. Dann könnten wir mehr als bisher bei genügender Frustrationstoleranz über die eigenen Ziele und Wünsche nachdenken, negative Anteile darin zurückdrängen und positive Eigenschaften wirksamer werden lassen. Bei aufgekommener Aggression sollten wir mit dem Auslöser des Konfliktes über die auslösenden Momente sprechen, d. h. die jeweiligen Anteile am Konflikt bewußtmachen. Auf diese Art einer Verständigung könnten mindestens diese Ursachen für einen erneuten Konflikt ähnlicher Art vermieden werden.

Wer sich bemüht, seine eigenen Stärken und Schwächen immer wieder bewußt zu sehen, wird Konflikte konstruktiver ausleben können und sie andere ebenfalls konstruktiv miterleben lassen. Er leistet bei dieser Art von Konfliktbewältigung den ihm möglichen Beitrag für eine bessere Zusammenarbeit im Unternehmen (nach *Titze/Gröner* 1989, 224 f).

5.3 Konflikthandhabung und Konfliktlösung

Wir alle stehen in einer ständigen Spannung zwischen Verändern und Beharren und bemühen uns, in diesem Spannungsbogen unser Leben zu gestalten. Meist geht es auch gut, aber zwangsläufig geraten wir immer wieder in Konflikte, die dann häufig negativ bewertet werden. Da sie sich aber nicht in allen Fällen vermeiden lassen, müssen wir sie bewußt handhaben, bewußt mit ihnen umgehen.

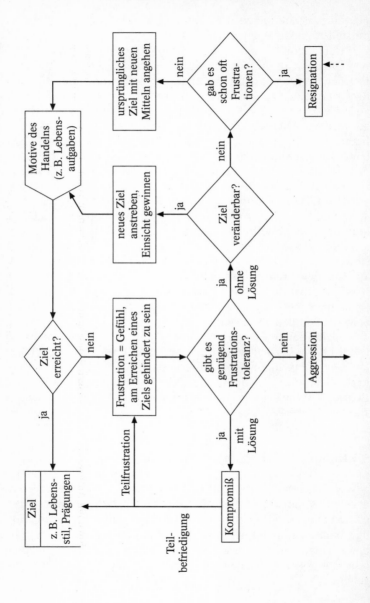

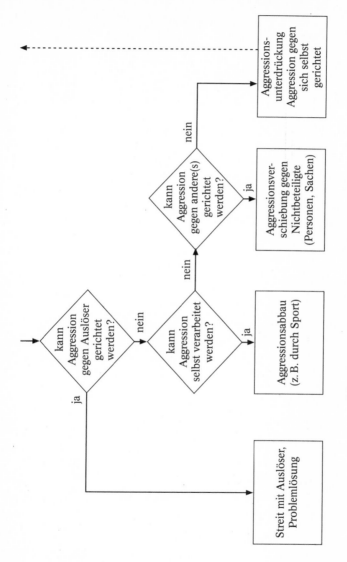

Abb. 23: Gesamtüberblick zum Konfliktablauf

Es kann in den verschiedensten Systemen, in denen wir uns bewegen, zu Konflikten kommen (nach *Gäde/Listing* 1992, 104 f):

- **Als Individuum:**
  Wir selbst stellen ein dynamisches System von einander widerstreitenden Kräften und Strebungen dar. Die unterschiedlichen Aspekte unserer Persönlichkeitsprägungen zwingen uns dazu, uns an die jeweiligen Situationen in Beruf und Privatleben anzupassen, weil sie nicht nur nach unserem eigenen Gutdünken gestaltet werden können. Wir sind zu ständigen Veränderungen veranlaßt, um neuen Bedingungen in unserer Umwelt entgegentreten zu können.

- **Als Teil einer Gruppe:**
  Als Arbeits- oder Projektgruppe oder als Teil einer anderen überschaubaren Gruppierung (wie z. B. Familie, Freizeitgruppe, Verein) erleben wir Veränderungen besonders deutlich, weil diese im dynamischen Zusammenspiel der Kleingruppe besonders wirksam werden. Zum einen stoßen in ihnen die Interessen, Bedürfnisse und Wünsche der Einzelpersonen aufeinander; zum anderen sind diese Gruppen in größere Zusammenhänge eingebunden, die selbst wieder mit voneinander abweichenden Anforderungen, Werten, Normen und Zielen auftreten (vgl. hierzu auch das nachfolgende Kap. 6.2).

- **In größeren sozialen Systemen:**
  In Unternehmen, Behörden, Religionsgemeinschaften, politischen Parteien oder in anderen Einrichtungen erfahren wir meist mehr Aufgeschlossenheit für interne Leistung und öffentliches Ansehen, weil sie von innen her schon eher plural geprägt sind. Diese Systeme müssen sich daher mit Veränderungen auseinandersetzen und sich ihnen unterwerfen, wenn sie die Zielsetzung der jeweiligen Organisation verbessern helfen.

- **In der Gesellschaft:**
  Die Gesellschaft stellt das ganze Gefüge von aufeinander einwirkenden Gruppen, Systemen, Organisationen und Individuen

dar. Hier spüren wir eine Fülle von Spannungen und Reibungen. Aber hier haben sich eine Reihe von festgelegten Strukturen und Verfahren (z. B. politischen Willensbildungsprozessen) herausgebildet, die die Gesellschaft stabilisieren und Veränderungsmöglichkeiten daher auch stark begrenzen.

Und Konflikte können eskalieren, d. h., einer oder mehrere der beteiligten Personen steigern sich so hinein, daß sie sich dem Konflikt völlig ausgeliefert fühlen. Wie ist dies wiederum vorstellbar, wo doch der oben dargestellte Konfliktablauf so logisch und nüchtern in seinen verschiedenen Wegen wirkt? *Glasl* (1994, 34) nennt drei Aspekte, die hier eine Rolle spielen können:

1. **Konflikte beeinträchtigen unsere Wahrnehmungsfähigkeit.** Was wir sehen, denken und uns vorstellen, wird mehr und mehr getrübt; unsere Sicht der Dinge ist geschmälert, verzerrt und völlig einseitig. Wir sind von Zwängen geleitet, über die wir uns nicht im klaren sind.

2. **Konflikte beeinträchtigen unser Gefühlsleben.** Wir sind „Wechselbädern" ausgesetzt zwischen Verstehen und Ablehnen, Sympathie und Antipathie, und zwar so lange, bis sich starke Gefühle festsetzen, von denen wir uns später nur noch schwer lösen können und die eine Art Eigenleben entwickeln.

3. **Konflikte verändern unser Wollen.** Wir werden einseitig auf unsere vermeintlichen Interessen fixiert, wodurch im Verlauf der Konfliktaustragung in uns Seiten angesprochen werden, derer wir uns im Normalfall gar nicht bewußt sind. Es kann zu Ausbrüchen (wie z. B. Haß oder Gewaltanwendung) kommen, Reaktionen, die scheinbar nicht zu uns gehören.

Alle diese Veränderungen und Beeinträchtigungen wirken zusammen, so daß die betreffende Person die Kontrolle über sich selbst verliert. Sie löst durch Wort und Tat Wirkungen aus, die sie zumeist nicht gewollt hätte. Dies wiederum bewirkt auch bei der Gegenpartei Ähnliches; auch sie wird starrer und rücksichtsloser, was im Kreislauf der Eskalation den frustrierten Menschen noch mehr ärgert, reizt und bedrängt, usw. usw. ...

Wie die beteiligten Personen einen Konflikt handhaben, hängt jetzt von verschiedenen Faktoren ab. Einmal ist es die Erwartung über eventuelle Beilegungsmöglichkeiten, die die Personen in die-

ser Situation sehen: Inwieweit ist der Konflikt umgehbar und/
oder inwieweit ist ein Interessenausgleich möglich? Daraus ergeben sich drei idealtypische Varianten, nämlich

- der Konflikt ist umgehbar, ein Interessenausgleich aber unmöglich;
- der Konflikt ist nicht umgehbar, ein Interessenausgleich ebenfalls unmöglich;
- der Konflikt ist nicht umgehbar, ein Interessenausgleich aber
möglich.

Zu diesen Varianten in der Konfliktsituation kommt ein zweiter Einfluß, die **Konfliktstärke**. Wie wir ja schon weiter oben gesehen haben, hängt diese von der Wertigkeit ab, die sich aus der
unterschiedlichen Beurteilung oder Bewertung der Situation oder
der unterschiedlich erlebten Verteilung der Mittel in der jeweiligen Lebensaufgabe ergeben:

- bei hoher Wertvorstellung wird der Konflikt aktiv ausgetragen,
in unserem oben dargestellten Konfliktablaufmodell sind dies
alle möglichen Formen des Streits. (Die Möglichkeit einer Zielveränderung scheidet hier aus, weil ja alle Beteiligten schon
stark in den Konflikt einbezogen sind.)
- bei mittlerer Wertvorstellung wird der Konflikt gemäßigt aktiv
verarbeitet, wir sprechen hier von verschiedenen „Kompromiß-
formeln", die gesucht werden. Aggression ist dabei im wesentlichen nicht im Spiel;
- bei niedriger Wertvorstellung haben wir es mit einer bestimmten Form von Zielveränderung zu tun, die aber nicht aus der
Fähigkeit herrührt, mit Frustration, welcher Stärke auch immer,
bewußt umzugehen. Sie ist einfach nicht ausgeprägt genug, um
den Menschen aggressiv werden zu lassen.

Der **Konfliktgrad** wird um so höher sein, je höher das nicht er-
reichte Ziel eingeschätzt wird. Damit werden auch andere Formen
der Konflikthandhabung eintreten, denn nur bei hoher Wertigkeit
wird der Konflikt eher aktiv ausgetragen und beigelegt werden, mit
abnehmendem Grad der Frustration wird sich der Konfliktträger
eher als Anpasser verhalten.

In Anlehnung an *Blake, Shepard* und *Mouton* (1964) haben
Kupsch/Marr (1982, 556 ff) neun typische Konfliktlösungsmöglichkeiten formuliert und dabei jeweils spezifische Handhabun-

Konfliktsituation: / Konfliktstärke:	Konflikt umgehbar, Interessenausgleich **un**möglich	Konflikt **nicht** umgehbar, Interessenausgleich **un**möglich	Konflikt **nicht** umgehbar, Interessenausgleich möglich
Hohe Wertvorstellung (aktive Handhabungsformen) ⇨ Formen der streitigen Auseinandersetzung	das Feld räumen, Austritt, Kündigung (Rückzug)	höhere Instanz, Sieg/Niederlage (Machtkämpfe)	gemeinsame Problemlösung (abschließende Konfliktlösung durch Verhandlung)
Mittlere Wertvorstellung (gemäßigt aktive Handhabungsformen) ⇨ Formen der Kompromißfindung	Isolation (Verminderung der Interaktion)	weiser Richter, Vermittler (Schlichtung durch Dritte)	Teilung des Streitwertes Aushandeln, „Nimm/Gib" (Quasilösung durch Verhandlung)
Niedrige Wertvorstellung (passive Handhabungsformen) ⇨ Formen der Zielveränderung	Indifferenz bzw. Ignoranz, Fiktion des Nichtkonfliktes (Konfliktveränderung oder Konfliktverkennung)	Losentscheid (Zufallshandhabung)	bewußte Ausklammerung des Konflikts (friedliche Koexistenz)

Abb. 24. Konfliktlösungsmöglichkeiten bei unterschiedlicher Konfliktstärke (nach *Blake, Shepard* und *Mouton* 1964, zitiert in Anlehnung an *Kupsch/Marr* 1982)

gen angegeben (Abbildung 24). Zu berücksichtigen ist hierbei, daß die am Konflikt Beteiligten die Konfliktsituation durchaus unterschiedlich einschätzen können. Wo der eine glaubt, ein Interessenausgleich sei möglich, kann der andere zu der Auffassung kommen, daß dies absolut undenkbar sei. Das gleiche gilt auch bei der Beurteilung der Konfliktstärke. Was für den einen ungeheuerlich wichtig und bedeutsam ist, gleichsam existenzbedrohend, kann für den anderen fast bedeutungslos sein. Er wird sich nicht besonders für eine Lösung engagieren wollen. Im täglichen Leben finden sich also mehr gemischte Abläufe von Konfliktlösungen, die nicht so idealtypisch einzuordnen sind wie in der Übersicht angegeben. Trotzdem kann auch hier wieder das Wissen um den eigenen Standort im Konflikt (Konfliktstärke im Hinblick auf die Situation) den Blick offenhalten für die Handlungsspielräume, die für einen selbst und – bei entsprechender Kommunikation mit dem Gegenüber – auch für den anderen machbar sind.

Uns interessieren abschließend noch die Lösungsmöglichkeiten in den sogenannten „streitigen" Fällen, wie sie unten in Abbildung 24 angeführt sind. Ist ein Interessenausgleich unmöglich, kommt es häufig zum Rückzug aus dem Konflikt, bei vorhandener Frustrationstoleranz und schon öfter erlebten Niederlagen eher zu resignierendem Verhalten, oder, wenn Aggressionen im Spiel sind, zu einer Aggressionsverschiebung oder -unterdrückung. In einem nicht umgehbaren Konflikt sehen wir die Kontrahenten oft in einem handfesten Streit, bei dem jeder versucht, auf Kosten des anderen zu gewinnen oder die Oberhand zu bewahren. Hierzu zählen Maßnahmen wie Drohungen von Vorgesetzten, z. B. als Abmahnung, Verweigerung von Gehaltserhöhung oder Beförderung, Vermerk in der nächsten Leistungsbeurteilung, oder das Zurückhalten von Informationen, die der Mitarbeiter bräuchte. Über dieses Instrument der manipulierten Information verfügt aber auch der Mitarbeiter, auch er kann Informationen zurückhalten, verzerren oder in ihrer Bedeutsamkeit abschwächen. Und ebenso wie Vorgesetzte können auch Mitarbeiter drohen, z. B. mit Hinweis auf ihr Beschwerderecht beim Betriebs- oder Personalrat oder mit Racheaktionen. Da Mitarbeiter in aller Regel weniger Macht als ihre Vorgesetzten haben, sind dies ungeeignete Mittel für einen Machtkampf und enden häufig mit für sie schädlichen juristischen Folgen (siehe Abbildung 25).

Rachemaßnahmen von Mitarbeitern und ihre Folgen	
Handlung des Mitarbeiters:	**Negative Folge für den Mitarbeiter:**
Anschwärzen:	Zeigt ein Mitarbeiter seinen Chef bei öffentlichen Institutionen oder Behörden an, ist das unter Umständen ein Grund für eine außerordentliche Kündigung. (BAG, AZ: 2 AZR 80/91). Das gilt auch für die Androhung, die Presse auf Mißstände im Unternehmen aufmerksam zu machen und Strafanzeige zu erstatten.
Arbeitsverweigerung:	Wer eine ihm zugewiesene Arbeit ständig verweigert, kann fristlos entlassen werden. (BAG, AZ: 2 AZR 357/95)
Beschimpfung:	Wer seinen Vorgesetzten vor versammelter Belegschaft als Betrüger, Lügner oder Halsabschneider bezeichnet, kann fristlos gefeuert werden. Auch der Alkoholkonsum bei einer Betriebsfeier oder ein berufsspezifisch rauher Umgangston – etwa am Bau – können schwerwiegende Beschimpfungen nicht entschuldigen. (BAG, AZ: 2 AZR 38/96). Anders steht es bei Kritik und Beleidigungen, die im privaten Kreis geäußert und die dem Arbeitgeber nur zugetragen werden.
Betrug/Straftaten:	Wer höhere Spesen abrechnet, als eigentlich angefallen sind, kann vom Arbeitgeber fristlos entlassen werden.

Handlung des Mitarbeiters:	Negative Folge für den Mitarbeiter:
	(BAG, AZ: 6 AZR 180/78) Das gilt auch für Mitarbeiter, die etwa ihre Stechuhr durch Kollegen betätigen lassen. (BAG, AZ: 2 AZR 127/90).
Verrat:	Der Arbeitgeber ist immer dann zur außerordentlichen Kündigung berechtigt, wenn der Arbeitnehmer den erheblichen Verdacht erregt, daß er Betriebsgeheimnisse an die Konkurrenz verraten hat und das auch weiterhin tun wird. (ArbG Heidelberg, AZ: 1 Ca 399/66)
Wütender Abgang:	Mitarbeiter, die Büroschlüssel werfen, Türen knallen und mit anderen markanten Verhaltensweisen nach einem Streit das Büro verlassen, können vom Chef so verstanden werden, als ob sie fristlos gekündigt hätten. (LAG Frankfurt, AZ: 9 Sa 1068/98)

Abb. 25: Rachemaßnahmen von Mitarbeitern und ihre Folgen (zitiert nach Wirtschaftswoche Nr. 2 v. 7. 1. 1999, 63)

Als die geeignetste „menschliche" Konfliktlösung im Unternehmen sehen wir eine abschließende Vereinbarung an, in der ein Ergebnis zwischen den am Konflikt beteiligten Personen oder Gruppen ausgehandelt und verabredet wird, eine Konfliktlösung also im besten Sinne des Wortes. Dies setzt aber von beiden Seiten eine Vertrauenssituation voraus, ohne die eine fundierte Lösung nicht möglich und denkbar ist (Abbildung 26, vgl. auch die ausführlichen Darstellungen zum Thema Vertrauen bei *Deutsch*, 1976). Solange Vorbehalte im Raum bleiben, wird jede Lösung nur Flickwerk sein.

Merkmale für eine Vertrauenssituation	
1.	Jemandem vertrauen kann gute, aber auch schlimme Auswirkungen haben. Vertrauen heißt, auf Risiko handeln.
2.	Wer vertraut, liefert sich aus: die Folgen hängen allein von der Person ab, der vertraut wird.
3.	Die Folgen enttäuschten Vertrauens sind schlimmer als der mögliche Gewinn erfüllten Vertrauens.
4.	Trotzdem entscheidet sich eine Person, einer anderen zu vertrauen. Sie hofft, daß ihr Vertrauen nicht mißbraucht wird.

Abb. 26: Merkmale für eine Vertrauenssituation

Vertrauensvolle Konfliktlösung führt also dazu, die bestehenden Gegensätze aufzuheben. Für die früher genannten Konfliktursachen (vgl. S. 89 f.) kann dies beispielhaft bedeuten:
– in einem Beurteilungskonflikt:
  • das Informationsangebot verbessern;
  • die Informationswege und die Informationsverarbeitung fördern;
  • das Bewußtsein für Kommunikation wecken.
– in einem Bewertungskonflikt:
  • Aufgaben und Ziele der Stelleninhaber offenlegen;
  • ein klares Belohnungssystem einführen;
  • einheitliche Auswahlverfahren bei Einstellung und Beförderung durchführen;
– in einem Verteilungskonflikt:
  • Regeln, Normen, Übereinkünfte offenlegen;
  • Macht abgeben durch echte Delegation, auch Einführen autonomer, selbstbestimmender Arbeitsformen;
  • Beschwerdewesen regeln, Streitkultur pflegen.
Eine sachlich richtige und menschlich alle befriedigende Lösung wird gefunden. Aber jede Situation, in der ein Interessenausgleich denkbar erscheint, erfordert ein Mindestmaß an Kooperationsbereitschaft. Neben dem bereits erwähnten notwendigen Vertrauen gibt es dazu noch weitere Voraussetzungen

(*Rüttinger* 1977, 188 ff). So müssen alle Beteiligten, Vorgesetzte wie Mitarbeiter, eine positive Einstellung zur sachlichen und offenen Konfliktaustragung haben. Es muß möglich sein, einen Konflikt offen anzusprechen und anzuregen, daß die Ursachen analysiert werden, dabei sind die Gefühle der Beteiligten ernst zu nehmen. Zurückhaltung und Objektivität bedeuten, daß die nicht in den Konflikt einbezogenen Personen zuhören und nicht gleich als Besserwisser mit Lösungen bei der Hand sind. Um den Streitpunkt ausdiskutieren zu können, sollten Kommunikationshilfen gegeben werden, also Gesprächsmöglichkeiten angeboten, regelmäßige Treffen eingerichtet oder andere Formen der Begegnung vorgesehen werden. Schließlich muß der Konfliktgegenstand geklärt werden in dem Sinne, daß die „wahre" Ursache herausgefunden wird, und es sind Verfahrensregeln festzulegen, in welchen Schritten letztendlich der Konflikt zu einer Lösung gebracht werden soll. Dies ist das Schwierigste am Ganzen, weil es Zeit und Behutsamkeit erfordert, nicht zu schnell und voreilig einen nächsten Arbeitsschritt anzugehen, wenn der vorhergehende noch nicht eindeutig abgeschlossen werden konnte.

Wenn das Ziel ist, eine Lösung zu finden, die für jeden Beteiligten zu akzeptieren ist, dann können wir von einer offenen Konflikt- oder Problemlösung sprechen, da die Lösung nicht schon von vorne herein feststeht. *Gordon* (1979, 179 ff) nennt ein solches Vorgehen die „Jeder-gewinnt-Methode", weil hier jeder sein Gesicht wahren kann und sich hinterher nicht als Verlierer fühlen muß. Diese offene Konfliktlösung, die in vielen Varianten verbreitet ist und auf der „Logik" einer Situationsanalyse beruht, kann wie folgt ablaufen.

1. Schritt: Tatbestand klären	⇨ Worum geht es?	} analysieren!
2. Schritt: Ursachen analysieren	⇨ Warum ist das so?	
3. Schritt: Zielsetzung formulieren und gewichten	⇨ Was soll erreicht werden?	} projektieren!
4. Schritt: Alternativlösungen suchen	⇨ Wie könnte die Lösung sein?	

5. Schritt:	Lösungsalternativen bewerten	⇨ Was ist das Beste?	⎫
6. Schritt:	Entscheidung treffen und begründen	⇨ Warum dieser Vorschlag?	⎬ disponieren!

7. Schritt:	Nachteilige Auswirkungen berücksichtigen	⇨ Was sollte nicht sein?	⎫
8. Schritt:	Lösung umsetzen und Ergebnis beurteilen	⇨ Wie ist das Problem gelöst?	⎬ kontrollieren!

Es könnte sein, daß die direkt in den Konflikt eingebundenen Personen es nicht selbst schaffen, in dieser Schrittfolge ihr Problem zu lösen. Ihr „blinder Fleck" läßt es z. B. nicht zu, an Lösungen zu denken, die zwar im Rahmen des Üblichen liegen und für sie auch möglich wären, ihnen aber trotzdem nicht in den Sinn kommen. Dann könnte ein Moderator die Rolle desjenigen übernehmen, der auf die strikte Einhaltung dieser Schrittfolge achtet. Denn es bringt keinen Nutzen, kreuz und quer durch diese Arbeitsschritte zu springen, weil dann die Basis fehlt für ein konsequentes Durcharbeiten der jeweils folgenden Schritte.

Noch ein Wort zum 7. Schritt, in dem an eventuelle nachteilige Auswirkungen gedacht werden soll. Hier ist gemeint, daß eine Lösung z. B. wirtschaftlich als durchaus sinnvoll eingeschätzt und auch von allen so akzeptiert sein könnte, sich aber aus der Umsetzung der Lösung Nachteile für andere Abteilungen oder sogar für das Gesamtimage des Unternehmens ergeben könnten. Dies muß vor der endgültigen Umsetzung der gefundenen und vereinbarten Lösung sozusagen im Sinne einer „Notbremse" überprüft werden.

Fallbeispiel: Der Mitarbeiter V. in der Vertriebsabteilung eines Industriebetriebes beschwert sich beim Mitarbeiter A. in der Auftragsabwicklung über dessen schleppende Bearbeitung. A. sieht überhaupt nicht ein, warum V. sich denn so aufrege; er brauche die Zeit, und schließlich solle ja auch alles stimmen, wenn das Produkt an den Vertrieb und von dort an den Kunden übergeben wird. Das bringt V. auf die Palme. „Ihr macht uns unsere ganzen Bemühungen kaputt, durch schnelle Auslieferung unsere Marktposition zu halten", sagt er erbost in einem Dreiergespräch bei A.s

Abteilungsleiter B., „das können wir uns heutzutage einfach nicht mehr leisten." B. schlägt vor, den Konflikt nach der oben geschilderten Vorgehensweise schrittweise anzugehen und zu lösen. Sie stellen fest, daß die internen Bearbeitungszeiten zu lang sind (1), weil mehrere Abteilungen, nicht nur die Auftragsabwicklung, Reserven für die Bearbeitung eingebaut haben (2). „Da ist überall zu viel Luft drin", stellen sie übereinstimmend fest (3), übrigens auch bei den Terminen, die V. an seine Kunden abgibt. Alternativen könnten sein (4), alle stillen Reserven zu kürzen oder ganz zu streichen, entweder bei den aktuell beteiligten Abteilungen Auftragsabwicklung und Vertrieb oder zumindest in einer der beiden Abteilungen. Sie gehen die einzelnen Alternativen durch (5) und stellen fest, daß das größte Zeitrisiko bei der Auftragsabwicklung liegt, die ja hinter sich wieder Arbeits- und Fertigungsplanung hat und wo damit weitere Zeitrisiken vorprogrammiert sind. Sie entscheiden sich daher (6), nicht die Bearbeitungszeit von A. in der Auftragsabwicklung zu kürzen, sondern V. wird zu den Durchlaufterminen, die von A. an V. gehen, keine weiteren „Notzeiten" anfügen, wenn er den Auslieferungstermin an den Kunden gibt. Vor endgültiger Beschlußfassung prüfen sie noch (7), ob im Fall des Falles, also wenn doch noch intern Terminverzögerungen über den eingeplanten Rahmen hinaus eintreten, V. bei der Kundschaft wegen der dadurch verspäteten Auslieferung sein Gesicht verlieren könnte. Alle drei, A., B. und V,. sind sich aber einig darin, daß das grundsätzliche Versprechen an die Kundschaft zu kürzeren Terminen mehr wiegt als eine seltener auftretende Terminverzögerung, die dann im Einzelfall entschuldigt werden muß. So beschließen sie (8), bei A. die bisherigen Bearbeitungszeiten zu belassen und nur bei V. die Planzeit zu kürzen; A. wird aber prüfen, in wieweit auch er bei sich und den nachgelagerten Stellen noch die eingeplanten Zeitsicherheiten vermindern kann.

Vom inneren Wert her unterstützt ein solches vereinbartes Vorgehen die grundsätzlichen menschlichen Anliegen, die für jede am Konflikt beteiligte Person wichtig sind. Denn wir wollen alle, auch wenn es „hart auf hart" geht, ernst genommen werden mit unseren Anliegen und Bedürfnissen, wir wollen mitbeteiligt werden an den Lösungen, die uns betreffen, und wir wollen unser Gesicht wahren können, auch wenn wir uns mit anderen auseinandersetzen müssen. *Rudolf Dreikurs*, ein Schüler *Alfred Adlers*, hat vier

Grundsätze zur Konfliktlösung zusammengestellt (*Dreikurs* 1996, siehe Abbildung 27). Wenn wir diese in unserer Einstellung und in unserem Verhalten berücksichtigen, steigen die Chancen zu tragfähigen und andauernden Konfliktlösungen.

Grundsätze zur Konfliktlösung

1. **Sich gegenseitig achten**
   - sich selbst und den anderen respektieren
   - auf Macht und Überlegenheit (Vergeltungsmaßnahmen) verzichten
   - gegensätzliche Meinungen und Bedürfnisse als Chance zur Synthese sehen
   - bereit sein zuzuhören
   - die eigenen Gedanken zum Ausdruck bringen

2. **Den Streitpunkt klären**
   - die eigene Absicht und die Absicht des anderen klären
   - seine Meinung offen aussprechen
   - auf Täuschung und Druck verzichten
   - die eigene Haltung hinterfragen

3. **Eine Übereinstimmung erreichen**
   - die eigenen (Konflikt-)Anteile feststellen
   - auf Schuldzuweisungen und kämpferische Haltung verzichten
   - die eigene Fähigkeit erkennen, die Lage zu ändern
   - daran denken, was man selbst tun kann und will

4. **Die Verantwortung teilen**
   - einen Konflikt als gemeinsames Problem sehen
   - den guten Willen des anderen akzeptieren
   - ein gemeinsames Ziel formulieren
   - offene Gruppendiskussion zulassen
   - als Leiter/Moderator der Gruppe helfen, Ideen zu entwickeln und Mittel zur Übereinkunft zu finden

---

Abb. 27: Grundsätze zur Konfliktlösung (in Anlehnung an *Dreikurs* 1996, 227 ff)

5.4 Die Wirkungen von Streß am Arbeitsplatz

Im Rahmen der Überlegungen zum Konfliktablauf haben wir bereits gesehen, daß Menschen schnell in Frustrationen kommen können, wenn sie das nicht erreichen, was sie eigentlich erreichen wollen. Je nach Stärke der Frustration und der Möglichkeit, damit umzugehen, kann Aggression darauf folgen oder eine andere Form der Frustrationsverarbeitung eintreten. In jedem Fall haben wir es hier mit einer ganz ursprünglichen Reaktion zu tun oder – wie *Vester* es nennt (1996, 140 f.) – mit dem „in vielen hunderttausend Jahren genetisch in uns verankerten Streßmechanismus", der uns zu Kampf oder Flucht veranlaßt. Alles, was uns fremd, feindlich, unbekannt, nicht erfaßbar und begreifbar erscheint, nicht in unser Bild und unsere Vorstellung paßt, kann zu solchen biologisch in uns verankerten Reaktionen führen.

Nach *Vester* (1997, 15 f) „stammt der Begriff Streß aus dem Englischen und bedeutet ursprünglich Anspannung, Verzerrung, Verbiegung, vor allem auf dem Gebiet der Materialprüfung, etwa von Metallen und Glas. In die Biologie wurde Streß 1950 von dem ungarisch-kanadischen Mediziner *Hans Seyle* eingeführt, wo etwas sehr Ähnliches damit gemeint ist: nämlich die Belastungen, Anstrengungen und Ärgernisse, denen ein Lebewesen täglich durch Lärm, Hetze, Frustrationen, Schmerz, Existenzangst und vieles andere ausgesetzt ist. Kurz, ebenfalls Anspannungen, Verzerrungen und Anpassungszwänge, bei denen man seelisch und körperlich unter Druck steht.

Damit kommt dem Begriff Streß, der etwa seit 1970 in unseren allgemeinen Sprachgebrauch Eingang fand, zunächst etwas eindeutig Negatives zu. Streß bedroht die Gesundheit, das Wohlbefinden, man scheut und fürchtet ihn als Überanstrengung, als Überbelastung. Gleichzeitig scheint er ein unvermeidbares Problem zu sein, mit dem wir in unserer modernen Zivilisation ununterbrochen konfrontiert werden, ja, in dosierter Form scheinen wir ihn sogar zu brauchen.

Diese Zweideutigkeit seiner positiven und negativen Wirkung ließ dann auch bald Begriffe wie Eustreß (anregender Streß) und Distreß (zerstörender Streß) entstehen, um den unterschiedlichen

Reaktionen eines Lebewesens gerecht zu werden, die gleichwohl auf demselben Mechanismus basieren. Doch hier liegt bereits eine Herausforderung: nämlich mit dem Streß fertig zu werden, mit oder trotz Streß leben zu lernen."

Streß (und damit meinen wir im wesentlichen den Distreß) am Arbeitsplatz kann damit aus allen möglichen Arten der Überforderung, der Nichtbewältigung von Lebensaufgaben (vgl. hierzu Seite 5) erfolgen. Streß ist im Grunde ein Signal dafür, daß ein Mensch mit einer Situation nicht fertig wird. In unserem Konfliktablaufmodell haben wir gesehen, daß Frustration, also auch die aufgebauten Streßhormone, durch eine Veränderung der Ziele z. B. in andere Lebensbereiche hinein abgebaut werden können. Oder, wenn sie übermächtig geworden sind und zur Aggression führen, durch eine sinnvolle Betätigung außerhalb des Arbeitsbereiches. Die Kunst des Umgangs mit Streß liegt im Grunde genommen darin, genau diesen Ausgleich zu finden.

Vester (1997, 101 ff) schildert ausführlich in einem Kastenmodell (Abbildung 28) die Einflußfaktoren und deren Vernetzung, die in einer Streßsituation, aber auch zu deren Lösung eine bedeutende Rolle spielen können. Wir finden darin im Grunde genommen die *Adlersche* Situationstypologie der Lebensaufgaben wieder, ergänzt um individuelle Faktoren, die besonders unter dem Gesundheitsaspekt eine Rolle spielen. Vester nennt dieses Modell eine Orientierungshilfe über die persönliche Streßsituation. Seine Einflußgrößen sind:

1. die berufliche Umwelt selbst, also nervliche Belastung durch Kollegen (z. B. durch Mobbing im Sinne von kommunikativen Handlungen gegen eine Person), Verantwortung, Arbeitsumgebung, Arbeitsstunden, Informationssystem, usw.;

2. die persönliche Struktur, die in seinem Lebensstil und seinen Prägungen zum Ausdruck kommt, mit allen Erfahrungen des bisherigen Lebens;

3. die Verarbeitung der Reize in der jeweiligen individuell gelernten Art und Weise, z. B. durch Resignieren, Abreagieren, Verschieben oder Streiten;

4. die Krankheitsvorstufen, die als Nervosität, Erschöpfungszustände, Kreislaufschwäche, Hautkrankheiten oder sexuelle Störungen zum Ausdruck kommen. Früher oder später können

daraus dauerhafte psychosomatische Krankheiten werden, wie
wir sie weiter oben dargestellt haben;

5. die eigentlichen Krankheiten, die je nach Verarbeitungstyp,
also auch je nach Persönlichkeitsprägung zum Ausbruch kommen können;

6. die übrigen Lebensbereiche und Lebensaufgaben, bei *Vester*
insbesondere das Familienleben, Essen und Trinken, körperliche Tätigkeit, Kunst/Hobby und Freizeit, Liebe und Zärtlichkeit sowie die wirtschaftliche Lage und die Organisation des
Haushaltes.

Zwischen allen diesen Bereichen gibt es die unterschiedlichsten
Wechselwirkungen, wie in nachstehendem Modell von *Vester*
(Abb. 28) nachzuvollziehen ist. Es soll dazu anregen, auftretende
Konflikte im Wechselspiel der individuellen Verarbeitungsmög-
lichkeiten zu sehen und anzugehen.

Das Modell von *Vester* macht sehr anschaulich: Wenn ich mich
beruflich gestreßt fühle, kann ich im beruflichen Bereich anfangen, etwas zu verändern. Ich mache wieder mehr Spaß mit den
Kollegen, gehe auf andere zu und helfe ihnen. Zu Hause erzähle
ich von diesen meinen Veränderungen, daraus ergeben sich mit
diesem Gesprächsstoff wieder gemeinsame Interessen. Dies baut
meinen inneren Streß ab. Zusätzlich tue ich hier noch etwas für
meinen Körper, denn ich habe mich entschieden, alle Treppen zu
Fuß zu laufen, 15 Minuten Frühsport zu machen, mehr zu Wan-
dern und zu Laufen. Ich merke, ich kann mich jetzt wieder besser
konzentrieren, damit fühle ich mich entspannter und kann even-
tuellen Krankheiten vorbeugen. Und so vernetzen sich nach und
nach diese und weitere Einflußgrößen.

Angst, die im Streßerleben auftritt, kann die Sicht für die eigenen Handlungsspielräume verdecken. Sie verleitet zu Fehlhand-
lungen und vorschnellen Reaktionen. Wer gelernt hat, seine kon-
fliktträchtigen Situationen wahrzunehmen und an ihnen zu arbeiten, allein oder mit der vertrauensvollen Hilfe und Unterstützung
von anderen, der wird sein Leben in den unterschiedlichsten Aufgaben bewußter gestalten können und zwangsläufig immer wieder
auftretende kritische Lebenslagen bewältigen.

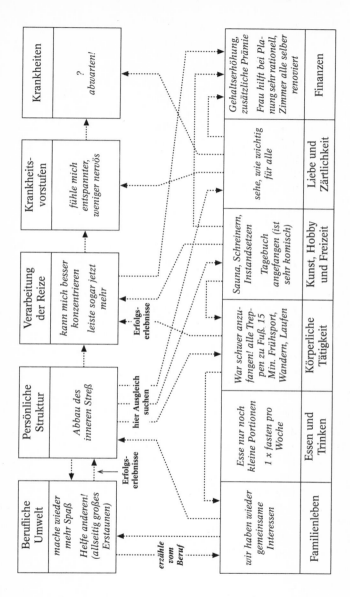

Abb. 28: Berufsstreß – Einflußgrößen zu seiner Entstehung und Beispiele zu seiner Bewältigung (aus *Vester*, Phänomen Streß, S. 123)

6. Ausgewählte Arbeitszusammenhänge einschätzen

> Es entsteht eine neue Form des
> Denkens, die auf der Entwick-
> lung eines gemeinsamen Sinns
> beruht.
>
> *Senge 1996, 293*

In den im folgenden vorgestellten Arbeitszusammenhängen zeigen wir die Wirkweisen von „Persönlichkeit" in bestimmten Arbeitssituationen auf.

Es geht zunächst um das Zusammenspiel von unterschiedlichen Persönlichkeitsprägungen in den verschiedenen Phasen einer Teamentwicklung. Dann erläutern wir die Auswirkungen der Persönlichkeit von Leitungspersonen auf die Organisationskultur und abschließend die Wechselwirkung zwischen elektronischer Kommunikation und dem Lern- und Arbeitsstil in Unternehmen.

6.1 Zusammenarbeiten im Team

Teams und Gruppen unterliegen einem Entwicklungsprozeß, der sich in Phasen einteilen läßt. In der Regel werden vier Phasen unterschieden, wobei bei Beendigung einer Gruppe bzw. Auflösung eines Teams eine fünfte Phase hinzukommt.
1. Orientierungsphase (Forming)
2. Konfrontations- bzw. Kampfphase (Storming)
3. Organisierungsphase (Norming)
4. Integrations- bzw. Arbeitsphase (Performing)
(5. Abschluß- bzw. Trennungsphase)

Im folgenden beschreiben wir die Phasen 1–4 kurz und stellen pro Phase dar, welche Anforderungen sie für das Team enthält (ausführliche Beschreibungen der Teamphasen finden sich bei *Francis/Young* 1996[5], *Haug* 1994, *Decker* 1994). Diese Anforderungen stellen wir dann in Beziehung zu den Persönlichkeitsausprägungen, so daß dem/der einzelnen erkennbar wird, wo er/sie mit der eigenen Persönlichkeitsausprägung mehr oder weniger gefordert ist bzw. in Schwierigkeiten kommen kann.

6.1.1 Teamentwicklung und Persönlichkeit

> **Übung:** Möglicherweise haben Sie an sich beobachtet, daß Sie sich bei unterschiedlichen Teamzusammensetzungen mit unterschiedlichen Stärken einbringen. Wenn Sie dies für sich reflektieren möchten, sollten Sie jetzt einen Moment mit dem Lesen aussetzen und in Gedanken die verschiedenen Teams durchgehen, in denen Sie Mitglied oder Leitung waren, und für sich notieren, in welcher Art Sie sich beteiligen konnten. Beim Weiterlesen finden Sie dann möglicherweise die eine oder andere Erklärung dafür.

Im Kapitel 3.4 wurde beschrieben, daß die **Persönlichkeit des Menschen Ausprägungen in vier Bereichen** hat. In der Regel sind jedoch ein bis zwei Bereiche stärker ausgeprägt, so daß wir z. B. von einem Menschen mit einer starken Prägung I und III oder einer starken Prägung IV sprechen.

Wenn mehrere Menschen in einem Team zusammenkommen, kann es sein, daß mehrere Personen mit **einer** besonders starken Ausprägung zusammentreffen, oder daß Menschen mit einer starken Doppelprägung genau eine komplementäre Ausprägung treffen. Wenn es gelingt, die unterschiedlichen Persönlichkeiten in einem Team konstruktiv zusammenzubringen, liegt in der Persönlichkeitsvielfalt eine große Chance. Gelingt dies nicht, kommt es erst gar nicht zu einer wirklichen Teambildung. Die Gruppe fällt dann wieder auseinander, oder es entsteht so etwas wie ein scheinbares Team.

„Kennzeichnend für ein Team sind die funktionale Leistungs- und Aufgabenorientierung und die innere Beziehung zwischen den Mitgliedern, wodurch eine starke Gruppenkohäsion [innerer Zusammenhalt] mit einem stark ausgeprägten Gemeinschaftsgeist [Teamgeist] entsteht." (*Rißmann* 1997, 95) Ob eine Teambildung mit derartigem Ergebnis gelingt, hängt davon ab, ob die vier Teamentwicklungsphasen erfolgreich durchlaufen werden. Der

Erfolg hängt dabei nicht unerheblich vom konstruktiven Zusammenspiel der vier Persönlichkeitsausprägungen einer Person oder zwischen den Personen ab.

Nachfolgend stellen wir pro Teamentwicklungsphase dar, mit welchen Facetten die vier Persönlichkeitsausprägungen im positiven wie im negativen wirken können.

1. Orientierungsphase: Verschiedene Menschen treffen in einer neuen Situation aufeinander. Das verursacht Unsicherheit. Man „checkt" sich gegenseitig ab: Wer ist hier wer, hat welche Position, kennt wen etc.? Welche Verhaltensweisen sind akzeptabel? Welche Sprache wird hier gesprochen? Wie verhält sich der Gruppenleiter / die Gruppenleiterin? Man geht höflich miteinander um. Auf der Sachebene geht es um Zielklärung und Aufgabendefinition, Abklärung von Erwartungen und das Formulieren von Spielregeln.

In neuen Situationen wie dieser reagieren die Menschen mit den Grundbedürfnissen, wie sie der Persönlichkeitsprägung entsprechen:

Prägung I: Bedürfnis nach Unverwechselbarkeit
Prägung II: Bedürfnis nach Anerkennung/Bedeutung
Prägung III: Bedürfnis nach Sicherheit/Struktur
Prägung IV: Bedürfnis nach Kontakt
(vgl. *Decker* 1994, 165)

Anforderung in dieser Phase:	– Kontakt und Beziehung zwischen den Personen herstellen – Ziel und Aufgabe klären

Starke Seiten:	**Problembereiche:**
Prägung I: – beobachten, analysieren, andere so anerkennen, wie sie sind – sachbetont, distanziert – Dinge klar erläutern	– zwischenmenschliche Beziehungen fördern, – auf andere locker zugehen, – integrierende Fähigkeiten
Beitrag: sachliche Klarheit	**Gefahr:** Unnahbarkeit, Distanz

Starke Seiten:	Problembereiche:
Prägung II:	
– motivieren, begeistern	– alle einbeziehen,
– Herausforderungen aufzeigen	– Beteiligte als individuelle
– Ideen einbringen	Einzelwesen wahrnehmen
– schnell entscheiden	– zu schnell vorpreschen
– Interessen formulieren	
Beitrag: Motivation	**Gefahr:** Dominanz
Prägung III:	
– strukturieren, planen,	– zwischenmenschliche
– Rahmen abstecken,	Beziehungen und Gespräche
– Überblick geben	fördern
– organisieren, Zeiten	– offenes Herangehen
beachten	– Dinge laufen lassen
Beitrag: Struktur	**Gefahr:** Überorganisieren
Prägung IV:	
– angenehmes Arbeitsklima	– Zielorientierung
schaffen	– Struktur geben
– gegenseitiges Kennenlernen	– Prioritäten setzen
fördern	
– alle beteiligen	
– Ideen einbringen	
– koordinieren, sich kümmern	
Beitrag: Beziehung	**Gefahr:** Wohlfühlen über die
	Sache stellen

2. Konfrontations- bzw. Kampfphase: Nach dem ersten Orientieren und „Beschnuppern" versucht nun jede/jeder, einen Platz in der Gruppe zu finden. Untergruppen werden gebildet, die Leitung wird in Frage gestellt, oder es wird mit ihr koaliert. Sympathien und Antipathien werden zum Ausdruck gebracht. Es gibt ein Gerangel um Positionen, Konflikte entstehen, Machtkämpfe werden ausgetragen.

Anforderung in dieser Phase: Beziehungsklärung und Positionsbestimmung.

Jede Persönlichkeitsprägung stellt sich dieser Situation auf die eigene Art mit ihren Stärken und Schwächen.

Starke Seiten:	Problembereiche:
Prägung I:	
– sich zurückhalten, beobachten, analysieren – Fragen klären, sachlich diskutieren, auf die Metaebene gehen – kritische Dinge benennen	– Beziehungsebene vernachlässigen, Beziehungskonflikte als vermeintliche Sachkonflikte austragen – rationalisieren
Beitrag: Unterschiede benennen	**Gefahr:** Konflikte umgehen, Unvereinbarkeit der Personen herausstellen
Prägung II:	
– Positionen vertreten, Risiken eingehen – Führerschaft übernehmen – unerwartete Lösungen anbieten – nach vorne treten – Aufgaben in Frage stellen	– Überlegenheit demonstrieren – mit eigenen Vorschlägen dominieren – ungeduldig vorpreschen – Druck ausüben
Beitrag: Auseinandersetzungen führen	**Gefahr:** Konflikte eskalieren lassen, Fronten bilden, polarisieren
Prägung III:	
– Standpunkte sachlich vertreten, kategorisieren, strukturieren, – Fachlichkeit herausstellen, – Untergruppe mit Gleichgesinnten bilden, – Vereinbarungen treffen, – Regeln einfordern	– Emotionen unterdrücken – andere mit formalen Dingen disziplinieren, – unflexibel
Beitrag: Rahmen aufzeigen	**Gefahr:** Konflikte wegorganisieren

Starke Seiten:	Problembereiche:
Prägung IV: – Probleme spüren – vermitteln, Witze machen – unterschiedliche Positionen verstehen, zuhören – andere unterstützen	– harmonisieren – viel reden – in Clownerie verfallen – sich in Illusionen flüchten, etwas schönreden
Beitrag: Verständigung fördern	**Gefahr:** Konflikte zudecken

3. Organisierungsphase: Die Unterschiede und Eigenheiten der Gruppenmitglieder sind bekannt. Widerstände werden abgebaut, Konflikte beigelegt. Spezifische Fähigkeiten der einzelnen sind deutlich geworden, Fachkompetenz wird als „Expertentum" anerkannt. Gruppennormen werden entwickelt, ein Wir-Gefühl in Form von „Teamgeist" entsteht.

Zielformulierung und Aufgabenstellung werden (endgültig) festgelegt.

Anforderung in dieser Phase: Wir-Gefühl festigen, Abkapselung verhindern.

Starke Seiten:	Problembereiche:
Prägung I: – Dinge auf den Punkt bringen – vernünftige Lösungen vorschlagen – Experten für unterschiedliche Fragestellungen herauskristallisieren – Gruppenidentität bewußt herausstellen	– Sache überbetonen – sich als Gruppe fest zusammenschließen
Beitrag: Sachorientierung	**Gefahr:** Abkapselung des Teams (nach außen)
Prägung II: – begeistern, – Blick nach vorne richten	– Details übersehen, Risiken unterschätzen

Starke Seiten:	Problembereiche:
– intuitive Lösungsvorschläge einbringen – Endziel vor Augen haben, – den großen Wurf planen **Beitrag:** Zielorientierung	– sich zum Wortführer machen – Gruppe einschwören **Gefahr:** Gruppenzwang, Gruppennorm
Prägung III: – Teamregeln festlegen – Arbeitsteilung verabreden – zu bestimmten Themen Expertenrolle übernehmen – realistische Ziele formulieren **Beitrag:** Prozeßorientierung	– vorsichtig sein, – sich im Planen und Strukturieren verlieren – Details überbetonen **Gefahr:** Formalismus
Prägung IV: – Kooperatives Arbeitsklima schaffen – alle ins Boot holen – Kompromisse finden – Teamgeist fördern – Gruppenaktivitäten außerhalb der Arbeit **Beitrag:** Personenorientierung	– Wohlfühlen über die Sache stellen – Ziel aus dem Auge verlieren – laufen lassen **Gefahr:** Wir-Gefühl als Kollektivzwang

4. Integrations- bzw. Arbeitsphase: Die Teamstruktur ist geklärt, die zwischenmenschlichen Probleme sind gelöst, die Rollen sind verteilt, aber nicht festgeschrieben. Es besteht eine hohe Identifikation mit dem Team. Die Arbeitsatmosphäre ist konstruktiv und kooperativ. Die Arbeitsweise des Teams ist durch hohe Selbstorganisation gekennzeichnet. Das Team bildet eine autonome Einheit innerhalb des Unternehmens.

Anforderung in dieser Phase: selbständiges Arbeiten, Rolle und Funktion des Teams im Gesamtunternehmen klären.

Starke Seiten:	Problembereiche:

Prägung I:
– arbeitet sachbezogen, selbst-
  organisiert
– ist ergebnisorientiert
– hat einen kritischen Blick
  auf die Ergebnisse
– hohe Teamidentifikation
	– starke Innenorientierung
	– gewisse Verschlossenheit
	  nach außen
	– wenig Augenmerk auf
	  Team- und Ergebnispräsen-
	  tation ins Unternehmen
	  hinein

Beitrag: Blick auf Qualität	**Gefahr:** Isolierung des Teams
	  innerhalb des Unter-
	  nehmens

Prägung II:
– kann darstellen, hat Gefühl
  für Außenwirkung
– bringt durch unerwartete
  Vorschläge neue Bewegung
– risikofreudig
	– übertritt Regeln
	– stellt Eigeninteressen über
	  Teaminteressen
	– sprunghaft, wirft Ergebnis
	  über den Haufen

Beitrag: Blick auf Präsentation
  nach außen
	Gefahr: Teamergebnis aufs
	  Spiel setzen

Prägung III:
– sorgt für Kontinuität und
  systematisches Arbeiten
– achtet auf Ergebnisdoku-
  mentation
– hat Ziel im Auge
– steuert (nach)
– kontrolliert den Prozeß
	– zuviel Struktur
	– wenig experimentierfreudig
	– hohes Sicherheitsbedürfnis
	– sich im Detail / in der Kom-
	  plexität verlieren
	– zu hoher Perfektions-
	  anspruch

Beitrag: Blick auf Auswertung/
  Evaluation
	Gefahr: dem Team den
	  Schwung nehmen

Prägung IV:
– fördert den Teamgeist
– hält Außenkontakte,
– initiativ, kreativ
– kann Fehlschläge auffangen
	– hält Kritik zurück aus Angst
	  zu verletzen
	– verliert sich in (Neben-)
	  Aktivitäten

Starke Seiten:	Problembereiche:
– expressiv, flexibel – hilfsbereit	– unsystematisch
Beitrag: Blick auf Kommunikation, Vernetzung	**Gefahr:** das Ziel aus den Augen verlieren

6.1.2 Ein Team ist niemals endgültig

Wenn ein Team die entscheidende vierte Phase – die eigentliche Arbeitsphase – erreicht hat, bedeutet das nicht, daß es auf dieser Stufe bleibt. Personelle und inhaltliche Veränderungen bringen ein Team immer wieder in frühere Phasen zurück. Wenn Personen das Team verlassen, neue hinzukommen oder wenn das Team eine neue Aufgabe bekommt, müssen die Klärungsprozesse der jeweiligen Phasen wieder durchlaufen werden. Dies kann im Vergleich zur anfänglichen Teamentwicklung sehr schnell gehen, muß es aber nicht, wenn zum Beispiel das neue Teammitglied eine besonders konfliktverursachende Person ist. Im Extremfall kann ein bisher erfolgreiches Team sogar durch derartige personelle Konflikte seine Arbeitsfähigkeit verlieren und auf Stufe 2 der Entwicklung (Konfrontations- und Kampfphase) steckenbleiben.

Die Bedeutung einer erfolgreichen Bearbeitung der Problemstellungen in den einzelnen Phasen wird häufig unterschätzt. Dem Team wird die Entwicklungszeit nicht zugestanden, die TeamleiterInnen werden nicht für den Umgang mit den Entwicklungsprozessen qualifiziert und im Prozeß steckengebliebene Teams erhalten oft keine externe Unterstützung, um die Hindernisse zu überwinden. Das „Ergebnis" sind verschwendete Energien, Motivationsverlust und unzureichende Arbeitsqualität.

Eine wichtige Voraussetzung für das Bestehen eines Teams sind ein ausreichendes Maß an „Gemeinschaftsgefühl, an Solidarität und ‚commitment' [...] es wird als Kohäsion bezeichnet. Kohäsion ist ein Maß für die Stabilität einer Gruppe, sowie für Attraktivität, die sie auf alte und neue Mitglieder ausübt" (*Staehle* 1994, 262). Kohäsion ist die Fähigkeit einer Gruppe, auch dann ihre Existenz und Arbeitsfähigkeit zu wahren, wenn sie unter Druck kommt.

6.1.3 Teamdesign – Unterschiede konstruktiv zusammen-
bringen

„Teams sind in der Lage, Aufgaben zu lösen, die ein einzelner nicht zu lösen vermag. Komplexe Probleme können unter Einbeziehung unterschiedlicher Fähigkeiten und Stärken bewältigt werden. In Teams sind ein großes Entdeckungspotential und ein breites Wissensspektrum zu finden, die Informationsübermittlung funktioniert einfacher und besser." (*Rißmann* 1997, 99)

Die Kompetenz eines Teams erwächst aus dem Zusammenspiel der individuellen Kompetenzen der Teammitglieder. Damit ein Team erfolgreich werden kann, bedarf es eines klaren Anforderungsprofils bezogen auf folgende Bereiche (vgl. *Haug* 1994, 50 ff):

– Fachwissen und Bereitschaft zur fachlichen Weiterqualifizierung (Fachkompetenz)
– Arbeitsorganisation und Selbstmanagement (Methodenkompetenz)
– Kommunikations- und Beziehungsfähigkeit (Sozialkompetenz)
– Persönlichkeit (Selbstkompetenz/Personalkompetenz)

Um die geeigneten Personen für ein Team auszuwählen, braucht es entsprechende Instrumente, mit denen das Vorhandensein der erforderlichen Kompetenzen und Fähigkeiten erfaßt werden kann.

Am schwierigsten wird es im Bereich „Persönlichkeit". Hier geht es darum, verschiedene starke Seiten von MitarbeiterInnen zusammenzubringen und darüber die schwachen Seiten auszugleichen. Nur in seltenen Fällen ist eine Person in allen Bereichen stark. In der Arbeit mit dem Modell der Prägungen hat sich gezeigt, daß viele Menschen in ein bis zwei Bereichen über stärker ausgeprägte Verhaltensweisen verfügen. **Es geht nicht um besser oder schlechter, sondern um das Zusammenfügen von Vielfalt zu einer neuen Ganzheit. Es geht um das konstruktive Zusammenbringen von Unterschiedlichkeit, um eine Synergie der Potentiale.**

Zwei wesentliche Voraussetzungen für das Zusammenwirken der Potentiale sind Freiwilligkeit in der Mitarbeit und Wertschätzung von Andersartigkeit, wie wir sie am Beispiel allgemeiner Handlungskompetenzen und arbeitsstilorientierter Kompetenzen in den folgenden Abb. 29 und 30 dargestellt haben.

Allgemeine Handlungskompetenzen

Prägung I	**Prägung II**
– beobachten	– begeistern
– analysieren	– riskieren
– entwickeln	– entscheiden
– bewerten	– machen
– überzeugen	– bewegen
Prägung III	**Prägung IV**
– strukturieren	– experimentieren
– organisieren	– unterstützen
– prüfen	– Atmosphäre herstellen
– sichern	– Informationen beschaffen
– regeln	– Kontakte pflegen

Abb. 29: Stärken der vier Verhaltensausprägungen in konstruktiven Zusammenhängen

Unterschiedliche Arbeitsstile

Prägung I	**Prägung II**
– Prioritäten setzen	– Visionen haben
– Zeitökonomie	– diskutieren
– logisch vorgehen	– intuitiv vorgehen
– Realitätsprüfung	– Herausforderungen suchen
Prägung III	**Prägung IV**
– Rahmen geben	– Beziehungen aufbauen
– auswerten	– moderieren
– dokumentieren	– koordinieren
– systematisch vorgehen	– kreatives Vorgehen
– Ordnung herstellen	– Partizipation anstreben

Abb. 30: Akzente bei den Arbeitsmethoden entsprechend der vier Verhaltensprägungen

Diese Vielfalt ist eine Chance, aber auch eine Herausforderung, die es zu bewältigen gilt. In der zweiten Phase der Teamentwicklung, der Konfrontations- und Kampfphase, entscheidet sich, ob die für das Team ausgewählten Personen über ausreichend Konfliktfähigkeit verfügen. Konfliktfähigkeit in diesem Zusammenhang bedeutet, integrierend mit Unterschieden und Gegensätzen umgehen können.

Um aus einer Gruppe von Einzelpersonen (individuellen Identitäten) mit unterschiedlichen Kompetenzen, Zielen, Werten, Arbeitsweisen und Erfahrungen eine neue Einheit, ein Team zu bilden, ist das Durchlaufen dieser Phase zwingend erforderlich.

Konflikt heißt dann: Unterschiede und Gegensätze (Identitäten) deutlich werden zu lassen.

Konstruktive Konfliktbewältigung bedeutet: aus der Vielfalt (an Unterschieden und Gegensätzen) gemeinsam eine neue Einheit – ein Team – zu konstruieren.

Durch das Austragen von Konflikten und das Finden einer gemeinsamen Lösung werden einseitige Entwicklungen verhindert. Eine neue Entwicklungsstufe wird erreicht, Innovation und Synergie werden möglich.

Optimal ist es, wenn dieser Prozeß partizipativ geschieht und reflektiert wird, so daß die einzelnen Teammitglieder aus innerer Überzeugung mit der Teamaufgabe, den -zielen und ihrem Platz und Beitrag darin übereinstimmen können. Dann identifizieren sich die Teammitglieder mit dem Team. Es entsteht Teambewußtsein. Dies ermöglicht eine konstruktive Kommunikation und Kooperation mit Gruppen, Einzelpersonen außerhalb des Teams.

6.1.4 Störungen bei der Teamentwicklung

Teamentwicklung ist ein Prozeß, der oft nicht störungsfrei verläuft. Entscheidend dafür, ob aus einer Gruppe ein Team wird, ist die zweite Phase. Aber auch in einem Team, das erfolgreich arbeitet, kann es zu negativen Entwicklungen kommen.

Störungen in der 2. Phase: Konfrontations- und Kampfphase

Die entscheidende Klippe bei der Entstehung eines Teams ist die zweite Phase – die Konfrontations- und Kampfphase. Gelingt es nicht, die in dieser Phase auftretenden Gegensätze und Konflikte konstruktiv zu lösen, so ist die Teambildung gescheitert. Entweder die Gruppe zerfällt, pendelt zwischen Phase 1 und 2 hin und her oder begibt sich auf den Weg einer Scheinentwicklung.

Wenn in einem Team bestimmte Positionen mit einem Absolutheitsanspruch verbunden werden, ist das Scheitern angelegt. Es sei denn, die gegensätzlichen Interessen werden als Konflikt ausgetragen. **Konfliktbewältigung bedeutet dann, einseitige Entwicklungen zu verhindern.** Wenn die vorhandenen Unterschiede und Gegensätze allerdings nicht konstruktiv zusammengebracht werden, setzen sich bestimmte Personen mit ihren Eigenheiten und Positionen durch.

Es kommt zu Störungen in der Teamentwicklung, entweder

- weil bei der Teamleitung besonders **eine** Persönlichkeitsseite ausgeprägt ist und es nicht gelingt, über ein starkes Teammitglied mit komplementären Ausprägungen einen Ausgleich herzustellen, oder
- weil bei mehreren Teammitgliedern **eine** Ausprägung überwiegt und komplementäre Ausprägungen nicht ausreichend vorhanden sind.

In der Konfrontations- und Kampfphase führen die jeweiligen Einseitigkeiten zu folgenden Störungen:

Prägung I überwiegt:

Die Gruppe wird atomisiert in Einzelwesen. Jeder leistet seine Arbeit, aber es entsteht kein Team, und es kommt nicht zu Synergieeffekten.

Ergebnis: Koexistenz, d. h., die Gruppenmitglieder erledigen ihre Arbeiten nebeneinander oder arbeiten isoliert nebeneinander her. Jeder kümmert sich um seine Angelegenheiten.

Prägung II überwiegt:

Variante A) Es kommt zum Kampf „Jeder gegen jeden". Die Gruppe fällt auseinander.

Ergebnis: Konkurrenz, d. h. die Gruppe fällt auseinander.

Variante B) Es gelingt dem Teamleiter, seine Leitungsmacht durchzusetzen. Die Gruppe bleibt unter seiner Führung zusammen.

Ergebnis: Scheinteam, d. h., es entsteht eine hierarchische Struktur, Gegenpositionen werden nicht zugelassen und werden unterdrückt; Synergieeffekte bleiben aus.

Prägung III überwiegt:

Es wird ein strenges Regelsystem eingeführt. Konflikte werden wegorganisiert.

Ergebnis: Arbeits-Gruppe, d. h. jeder erledigt ein bestimmtes Arbeitspensum, ohne sich auf den anderen zu beziehen. Synergien bleiben aus.

Prägung IV überwiegt:

Harmonie geht über alles. Unterschiedlichkeit wird nicht zugelassen. Konflikte werden geleugnet, Probleme unter den Teppich gekehrt. Unter der Oberfläche gären die Konflikte weiter. Es entsteht eine Schattenkultur. Man redet über andere. Es kommt zu Mobbing. Oberhalb des „Teppichs" ist man damit beschäftigt, nicht über die Bewegungen unterhalb des Teppichs zu stolpern. Die Energien werden ver(sch)wendet für das Position- und Gesichtwahren.

Die unterdrückten Spannungen wenden sich u. a. nach innen. Das seelische und körperliche Wohlbefinden geht verloren. Es kommt zu Motivationsverlust, Krankheit und Arbeitsausfall.

Ergebnis: Scheinteam mit Schattenkultur, d. h. Personen arbeiten scheinbar harmonisch miteinander, man wahrt die Formen der Höflichkeit. Es kommt zu Qualitätsverlust für das Unternehmen und zu Kompetenzverlust bei den einzelnen MitarbeiterInnen.

Störungen in der 4. Phase: Integrations- und Arbeitsphase

Wenn Teams lange in konstanter Zusammensetzung zusammen bleiben, kommt es zu Verstetigung bestimmter Tendenzen. Gewohnheiten schleifen sich ein, Verkrustungen entstehen. Wenn gleichbleibend bestimmte Persönlichkeitsprägungen leicht überwiegen, kann das auch in einem erfolgreichen Team langfristig zu bestimmten Erscheinungen führen, die sich wie folgt schleichend entwickeln:

Prägung I	Prägung II
• Konzentration auf die Aufgabe • Überidentifikation mit dem Team	• riskante Aktionen • Eigeninteressen über Team-interessen
⇨ **Tendenz:** Abkapselung des Teams innerhalb des Unternehmens	⇨ **Tendenz:** Konkurrenz inner-halb des Teams
Prägung III	**Prägung IV**
• Perfektionismus • Formalismus	• übermäßiges Harmonie-streben • Nebenaktionen
⇨ **Tendenz:** Entwicklungs-stillstand	⇨ **Tendenz:** Produktivitäts-/ Realitätsverlust

Diese Verfestigungsprozesse lassen sich verhindern durch
- regelmäßige Reflexion / Auswertung der Ergebnisse und Arbeitsprozesse innerhalb des Teams
- Wechsel von Arbeitsaufgaben in größeren Abständen
- in größeren Abständen Auswertungsphasen / Evaluation mit Personen von außerhalb des Teams
- regelmäßige Fortbildung von Teammitgliedern

Über die Nutzung dieser „impulsgebenden Arbeitsformen" muß spätestens in der dritten Phase (Organisierungsphase) im Team Einverständnis hergestellt werden.

6.1.5 Fazit

Welche Schlußfolgerungen lassen sich nun aus diesen Überlegungen ziehen? Wir wollen sie in nachstehenden Thesen festhalten:

- **Im Team stecken Potentiale.** In den vorangehenden Ausführungen ist deutlich geworden, daß durch die Vielfalt der Persönlichkeitsprägungen im Idealfall nahezu alle denkbaren Kompetenzen aufeinandertreffen können. Gelingt es, sie konstruktiv zusammenzubringen, so sind besonders bei der Bewältigung komplexer Aufgaben regelrecht „qualitative Sprünge" im Vergleich zur Einzelarbeit möglich. „Zur Beschreibung dieses einzigartigen Energiepotentials einer Gruppe wurde das Wort ‚Synergie' geprägt. Man kann es in der mathematisch zwar fragwürdigen, psychologisch aber richtigen Gleichung $2 + 2 = 5$ ausdrücken. Ein Team ist seiner Qualität und Leistungsfähigkeit nach mehr als die Summe seiner Mitglieder. Es hat die Fähigkeit der Synergie, einer kollektiven Dynamik, die gezielt aufgebaut und nutzbar gemacht werden kann." (*Francis/Young* 1996, 19)

- **Teamentwicklung geht nicht ohne Konflikte.** Wenn die Unterschiedlichkeit der Personen im Team zu einer Vielfalt an Kompetenzen werden soll, müssen Unterschiede und Gegensätze deutlich als Konflikte ausgetragen werden. Nur so kann einseitige Entwicklung verhindert werden. „Was die Geschäftswelt braucht, ist nicht die Beseitigung von Konflikten, sondern eine neue Sichtweise. Der Konflikt sollte als Mittel gesehen werden, das die Entwicklung neuer Produkte oder Methoden beschleunigt, als Triebfeder für die Verschmelzung von Ideen. Aus Konflikten zwischen Menschen, die einander als Partner statt als Gegner betrachten, gehen nicht Gewinner und Verlierer hervor, weil es den Begriff des feindlichen Lagers nicht mehr gibt." (*Garfield 1993, 93*)

- **Teambildung ist Arbeit und kostet Energie.** In den ersten drei Teamphasen entwickelt sich die Arbeitsfähigkeit eines Teams, die dann in der vierten Phase zur Umsetzung kommt. Angesichts der Anforderungen an Konfliktfähigkeit, Positionsklärung etc. stellt sich die Frage: An wie vielen Teamentwicklungsprozessen kann eine Person gleichzeitig beteiligt sein? Diese enormen Anforderungen an den einzelnen erklären, warum es beim Thema „Flexible Matrix" meist eine große Diskrepanz gibt zwischen den in der Literatur **beschriebenen** und den in der Realität **erlebten** Möglichkeiten.

- **Teamleitung ist eine Aufgabe für mehrere Personen.** Betrachtet man die umfangreichen Aufgaben und Funktionen, die eine Teamleitung erfüllen sollte (vgl. *Haug* 1994, 103 *und Rißmann* 1997, 103), so wird deutlich, daß es sich hier um die Summe der Stärken aller vier Persönlichkeitsausprägungen handelt. *Haug* nennt als Funktionen der Teamleitung: repräsentieren, integrieren, organisieren, koordinieren, kommunizieren, moderieren, balancieren und motivieren. Der „Begriff ‚Teamleiter' [ist] in einer echten Teamorganisation irreführend, ja sogar ein Widerspruch in sich. Denn: in einem echten Team gibt es zwar einen offiziellen Teamleiter, aber die genannten Funktionen der ‚Führung' im Sinne von Leitung des Teams sind nicht ausschließlich an diese eine Person gebunden, sondern werden situativ angepaßt jeweils von dem Teammitglied übernommen, das mit den besten Kompetenzen ausgestattet ist zur erfolgreichen Bewältigung der momentan anstehenden Situation". (*Haug* 1994, 104).

- **Teambildung ist ein Veränderungsprozeß, der Bewältigungsstrategien braucht.** Die Ausführungen machen deutlich, daß sich die Entwicklung eines Teams nicht einfach vollzieht, nachdem entschieden worden ist, welche Personen zu ihm gehören. „ Die Entstehung eines Teams bedarf einer ‚Hebamme' – einer Person oder kleinen Gruppe, die den Prozeß mit Dynamik und Sachverstand erfüllt." (*Francis/Young* 1996, 33) Diese Hebammenfunktion kann von verschiedenen Personen, sowohl von intern als auch von extern übernommen werden. Mittlerweile gibt es einige Konzepte zur Gestaltung von Teambildungsprozessen.

Kommt es in bereits bestehenden Teams zu dysfunktionalen, hemmenden Prozessen, so ist meist eine externe Beratung angezeigt, um die entstandenen Verstrickungen und Verkrustungen wieder aufzulösen.

Abschließend möchten wir Ihnen noch zwei „Bilder" anbieten: Stellen Sie sich das Zusammenspiel der unterschiedlichen Prägungen in einem Team z. B. vor

- als die verschiedenen Funktionen von Steuern, Kuppeln, Gas geben und Bremsen, die alle sinnvoll ineinandergreifen müssen, damit Sie mit einem Auto fahren können. Keine Funktion ist besser als die andere, jede wird benötigt; oder
- als die verschiedenen Personengruppen, die man braucht, um einen guten Film entstehen zu lassen: Drehbuchautor, Produzent, Regisseur und Schauspieler.

Hier wird noch einmal besonders anschaulich, wie notwendig das Zusammenspiel von Unterschiedlichkeit in einem Team ist.

Wir sollten diese Chance keinesfalls vertun, sondern sie geradezu **aktiv** nutzen!

6.2 Organisationskultur und Persönlichkeit[1]

Institutionen und Organisationen sind soziale Systeme. Menschen, die in ihnen tätig sind, sind auf vielfältigen Ebenen in ein Beziehungsgeflecht eingebunden. Diese Bindungen können als stützendes Netzwerk, aber auch als vielfältige Verstrickung erlebt werden. Beziehungen werden bewußt geknüpft, gepflegt und beendet. Man spricht von gezielten Beziehungsangeboten, Schlüsselbeziehungen, guten und schlechten Arbeitsbeziehungen. Ein Beziehungsgefüge zwischen den tätigen Menschen gibt es in jeder Institution, Organisation, gibt es in jedem Betrieb. Davon, wie die Menschen innerhalb eines solchen Systems ihre Beziehungen gestalten, und davon, wie sie die Interaktionsstrukturen mit Personen außerhalb ihres Systems, der Systemumwelt, gestalten, hängt ganz wesentlich der Erfolg des Tätigseins ab.

6.2.1 Die Rolle des einzelnen in der Organisation

„Organisationen sind Menschen, die ihre soziale Wirklichkeit aktiv konstruieren, die wahre Wunder der Informationsarbeit vollbringen, die den Ereignissen ihrer Umwelt Sinn und Bedeutung beimessen durch Erfahrung und durch die Benutzung von Symbolsystemen." (*Sackmann* 1983, 394) Menschen reagieren nicht schematisch vorausberechenbar, sondern ihr Verhalten ist von Gedanken, persönlichen Zielen und Absichten sowie von ihren Empfindungen bestimmt. Das Verhalten eines jeden Menschen folgt einem unbewußten „Bewegungsgesetz", dem Lebensstil.

Zusätzlich zu dem individuellen Lebensmuster gibt es für Menschen, die in Institutionen und in Organisationen tätig sind, allgemeine Muster, Strukturen, Normen und Standards, die ihrem Denken und Fühlen unterlegt sind. Diese werden unter dem Be-

---

1 Vgl. hierzu auch Fuchs-Brüninghoff 1997

griff „Organisationskultur" gefaßt. Individualpsychologisch orientierte Organisationsberater sprechen auch vom Lebensstil einer Organisation. „Organisationskulturen sind die überdauernden Muster einer Organisation bezogen auf die Wahrnehmung, den Beziehungsstil und das Denken im Hinblick auf die Umwelt und sich selbst." (*Rau* 1994, 53)

Jedes Mitglied einer Organisation bringt seine Realität in Form seines Lebensstils mit in die Organisation hinein und wird konfrontiert mit dem Lebensstil bzw. der Kultur der Organisation. Über eine aktive Auseinandersetzung mit den Aspekten der Organisation kann das einzelne Mitglied für sich das Ausmaß der Passung oder des Widerspruchs zwischen dem individuellen und Organisationswertesystem unbewußt erspüren oder auch bewußt erfassen.

Der Kern der Organisationskultur besteht aus grundlegenden Wertvorstellungen, die von loyalen Organisationsmitgliedern geteilt werden (vgl. *Sackmann* 1983, 395). Loyalitätskonflikte sind genau hier anzusiedeln. Wenn *Sackmann* schreibt: „Diejenigen Wahrnehmungen, Interpretationen und Reaktionen auf gewisse Problemkonstellationen, die sich im nachhinein als erfolgreich erwiesen haben, werden mit großer Wahrscheinlichkeit zukünftig wiederholt und allmählich zu Denk- und Verhaltensmustern verfestigt, die das Denken und Verhalten in gewissen Situationen bestimmen und dadurch vereinfachen", wird deutlich, daß sich Organisationskultur und Lebensstil des einzelnen in der Art der Entwicklung und ihrer Funktion weitgehend entsprechen. Beide fungieren als Wahrnehmungsfilter, die sowohl nach innen wie nach außen für Konsistenz und Stabilität sorgen.

So wie der Lebensstil dem einzelnen weitgehend unbewußt ist, so bleiben die kulturellen Muster dem Bewußtsein der Organisationsmitglieder häufig unzugänglich (vgl. *Schreyögg* 1996, 95). Beide können durch entsprechende Reflexionsarbeit bewußt(gemacht) werden. Vergleicht man betriebliche Organisationen mit Verwaltungen und sozialen Dienstleistungssystemen, so kann man feststellen, daß der Organisationskulturansatz in Unternehmen zunehmend bewußt umgesetzt wird, während im Sozialbereich über die Beratungsform Supervision eher an der Person gearbeitet wurde. Erst in jüngster Zeit findet eine Zusammenführung beider Ansätze statt. „Als **kulturprägende Faktoren** einer Organisationskultur können gelten: a) die Zielsetzung einer Organisation, b) die organisatorische Umwelt, c) die personalen Systeme der Organisation." (*Rau* 1994, 55)

Aus beraterischer Perspektive sind die „personalen Systeme", womit die realen Organisationsmitglieder, die MitarbeiterInnen, gemeint sind, von besonderem Interesse. Da Führungspersönlichkeiten den größten formalen Einfluß haben, werden Organisationskulturen stark durch die Persönlichkeitsstruktur des Leiters bzw. der Leiterin geprägt. Mit anderen Worten: der Lebensstil der Leitungsperson spiegelt sich im Lebensstil der Organisation wider. Der „Geist" des Gründers ist oft nach Jahren noch zu spüren. Bei größeren Organisationen gibt es in Teilsystemen wie Abteilungen, Arbeitsbereichen, Zweig- oder Nebenstellen Subkulturen, die von den ihr vorstehenden Personen beeinflußt werden.

Was ist konkret darunter zu verstehen, daß Leitungspersönlichkeiten ihren Organisationen „ihren Stempel aufdrücken"? Dies erstreckt sich auf Verhaltensgrundsätze, z. B. „Wir sind flexibel!", auf den Kommunikationsstil, z. B. das Verfassen von schriftlichen Notizen über nahezu jedes Gespräch, auf die Kleidung etc., und sie schlägt sich nieder in der Personalauswahl.

Häufig wird vermutet, daß es bei größeren Unterschieden in der Persönlichkeitsstruktur zwischen Kollegen und Kolleginnen bzw. zwischen Vorgesetzten und Mitarbeitern zu Konflikten kommt. Dies muß nicht so sein, im Gegenteil, langjährige Arbeit mit Teams hat gezeigt, daß gerade Unterschiedlichkeit, wenn sie bewußt und konstruktiv zusammengebracht werden kann, zu besonders produktiven Ergebnissen führt. In solchen Beziehungen „stehen die Partner zueinander im Gefühl der Gleichwertigkeit. Gemeint ist damit ... die Ebenbürtigkeit im Selbstwertgefühl." (*Willi* 1975, 24)

Konflikte entstehen nach Auffassung tiefenpsychologischer Theorien vielmehr aus der Reproduktion früherer Beziehungserfahrungen. „Mit solchen Reproduktionen wird die Organisation infiltriert. Die ‚bleibenden Niederschläge' psychosozialer Lebenskrisen werden gleichsam in die Organisation übertragen und dort wirksam." (*Rau* 1994, 57) Unverarbeitete frühe Konflikte und Verletzungen werden in bestimmten Beziehungskonstellationen in Organisationen aktualisiert. Es kommt zu Übertragungen, durch die Mitarbeiter oder Kolleginnen „unbewußt in die Rolle eines Partners, eines eigenen Elternteils oder einer anderen bedeutsamen Person versetzt und mit einer ursprünglichen Konfliktkonstellation in Verbindung gebracht werden" (*Rau* 1994, 57).

Wenn das Konfliktmuster auch in die Persönlichkeitsstruktur der Übertragungsperson „paßt", kommt es zu einer **Kollusion**, dem Zusammenspiel zweier Personen aufgrund eines gemeinsamen Unbewußten (vgl. *Willi* 1975, 47). Eine solche neurotische Verstrickung kann lange konstant und stabil bleiben.

Paßt das Gegenüber nicht in das angebotene Konfliktmuster und wehrt sich, dann kommt es zu Auseinandersetzungen, die in einen Machtkampf münden können. Wenn die Kampfpositionen durch formale Strukturen gestützt sind, z. B. Abteilungsleitung gegen Abteilungsleitung, Betriebsrat gegen Leitung, Vorstand gegen Einrichtungsleitung, Vorzimmer gegen Vorzimmer etc., können sie sich verfestigen, und „alte" Konfliktmuster können durch jeden beliebigen aktuellen Anlaß wieder genährt werden. Auslöser für solche Übertragungssituationen sind häufig Unterlegenheits- und Unsicherheitsgefühle im Zusammenhang mit einer unbewußten Selbstwertproblematik.

6.2.2 Krisen für die Organisation und den einzelnen

Krisen in der Organisationskultur treten in der Regel dann auf, wenn sich einer oder mehrere der kulturprägenden Faktoren – Zielsetzung, Umwelt, Leitungspersonen – verändern. Veränderte Anforderungen – von innen oder außen – können eine bewährte Organisationskultur dysfunktional werden lassen. „Die altbewährten Vorgehensweisen bringen nicht mehr den Erfolg, und neue stehen nicht zur Verfügung. Eine **Veränderung und/oder Erweiterung der Organisations-Kompetenzen und daher ihrer Organisationskultur ist angebracht**, falls sie überleben will." (*Sackmann* 1983, 403) Die Formulierung „überleben" klingt hart. Was für Wirtschaftsunternehmen schon immer gilt, wird zunehmend auch im öffentlich geförderten Bereich Realität. Durch die öffentliche Finanzkrise stellt die „Umwelt" völlig neue Anforderungen an die Organisationen und Institutionen. Bewährte Denk- und Verhaltensmuster werden hinfällig, neue andere müssen entwickelt werden. Es werden teilweise tiefgreifende Einschnitte in das „Kulturnetzwerk" erforderlich.

Die Art und Weise, wie mit solchen Krisen umgegangen wird, hängt von der Lernfähigkeit einer Organisation ab, die sich zusammensetzt aus der „Beweglichkeit" der Organisationskultur und der „Beweglichkeit" im Lebensstil der einzelnen Organisationsmitglieder. Wenn sich angesichts derartiger Außenanforderungen Subsysteme einer Organisation als sehr diskrepant in ihrer Beweglichkeit erweisen, kann es zu organisationsinternen Auseinandersetzungen kommen, die einem Kulturkampf gleichen. Gleichzeitig wird es zwischen einzelnen Organisationsmitgliedern entsprechend ihrer Veränderungsbereitschaft bzw. ihrem Verharrungswillen oder, anders formuliert, entsprechend ihren psychischen Sicherungstendenzen zu Konflikten kommen.

Leitungswechsel können in einer Organisation auch Auslöser einer Kulturkrise sein, „wenn damit zugleich der Persönlichkeitsstil des Chefs wechselt; er kann zu einer (Identitäts-)Krise der Organisation führen und sie im Kern erschüttern" (*Rau* 1994, 62).

Im Weiterbildungsbereich werden angesichts der veränderten Außenbedingungen Leitungswechsel in den letzten Jahren zunehmend zum Anlaß genommen, neue Steuerungsmodelle einzuführen und die Einrichtung insgesamt umzustrukturieren. Daß damit das Krisenpotential verdoppelt wird, scheint nicht immer im Bewußtsein der Entscheidungsträger, Akteure und beteiligten Organisationsmitglieder zu sein. In diesem Zusammenhang wird häufig die Position vertreten, „wenn schon Einschnitt, dann auch richtig". Diese Auffassung ist nicht von der Hand zu weisen. In einer solchen Krisensituation bedarf es jedoch entsprechender Bewältigungsstrategien, die nach unserer Auffassung eine Organisationsberatung und die beraterische Begleitung der Leitung und Mitarbeiter und Mitarbeiterinnen umfassen müßten. Aufgrund der noch wenig verbreiteten Erkenntnisse über diese Zusammenhänge werden in der Praxis, wenn überhaupt, meist nur Teilunterstützungen entschieden und finanziert. (vgl. Fallbeispiel 7.2 „Die neue Leiterin", S. 170)

6.2.3 Schlußfolgerungen

Welche Bedeutung hat nun das Organisationskulturkonzept für die Beratung in Institutionen?

Als theoretisches Wissen ist es für BeraterInnen eine Folie, mit der sie institutionelle Prozesse erfassen und verstehen können. Bei der praktischen Anwendung in der Beratung eröffnet es den Organisationsmitgliedern neue Möglichkeiten zum Verstehen der eigenen Position und Befindlichkeit in einer Organisation und eröffnet einen anderen Zugang zu institutionellen Prozessen. Im Rahmen „der Einzelsupervision dienen Organisationskulturanalysen besonders der generellen Bewältigung beruflicher Krisen, der Unterstützung bei Neueintritt in ein System oder Rollenberatung" (*Schreyögg* 1996, 105). Beim Abgleich der Passung zwischen individuellem Lebensstil und der Kultur der Organisation, in der jemand tätig ist, kann sich als Ursache für eine generelle Unzufriedenheit und permanentes Unwohlsein herausstellen, daß dies aus Widersprüchen zwischen den Wertesystemen resultiert. Wenn dies dem einzelnen bewußt wird, kann er anders mit seiner Unzufriedenheit umgehen oder die Organisation verlassen und sich einen Arbeitsplatz in einer für ihn passenderen Kultur suchen.

Der Organisationskulturansatz ermöglicht insgesamt also folgendes:

- In der Beratungsarbeit bringt er den Beteiligten Entlastung. Sie können ihr Eingebundensein in dem jeweiligen Beziehungsgeflecht verstehen. Blinde Flecken werden erhellt, Gefühle von Lähmung werden aufgelöst. Vorhandene Verstrickungen werden erkannt und bearbeitbar, neue eher vermieden.
- Das Verstehen der Organisationskultur macht für jedes Organisationsmitglied Sinn. Wird die Organisationskultur in Beziehung gesetzt zum individuellen Lebensstil, gewinnt der einzelne mehr Freiheit, seine Beziehungen zu Vorgesetzten, Mitarbeitern und Kolleginnen zu gestalten. „Freiheit ist... in beziehungsanalytischer Definition gleichbleibend mit der Fähigkeit, die Verantwortung für das eigene Wohlergehen im Kontakt mit anderen Menschen oder Gruppierungen zu übernehmen." (*Bauriedl* 1996, 53)

- Aufgrund der kulturprägenden Bedeutung von Leitungspersonen in Organisationen ist es für sie besonders relevant, diese Aspekte Organisationskultur und Persönlichkeit in den Blick zu nehmen. Eine systematische Beschäftigung mit der eigenen Organisationskultur, z. B. im Rahmen einer Organisationsentwicklung, bietet Einrichtungen bzw. Unternehmen die Möglichkeit, sich zur „lernenden Organisation" zu entwickeln. Gemeint ist damit, daß Reflexionsformen und Lernmechanismen gefunden werden, die es allen Organisationsmitgliedern ermöglichen, mit veränderten Anforderungen konstruktiv umzugehen.

6.3 Kommunikation über elektronische Medien

Bis vor wenigen Jahren kommunizierten viele Unternehmen noch ausschließlich über interne und externe Briefe, Fernschreiber, Fax und Telefon. Fernschreiber und interne Briefe sind immer mehr verschwunden, sie werden innerhalb und außerhalb des Unternehmens durch elektronische Post ersetzt.

Weit verbreitet und als neues Medium inzwischen schon alltäglich ist das eMail, die elektronische Post im eigentlichen Sinne des Wortes. Texte werden am Computer geschrieben und direkt, ohne weiteren Ausdruck auf Papier, über Telefonleitung an einen oder mehrere Empfänger, sogenannte Verteilerlisten, verschickt. Gerade die letztgenannte Einrichtung erleichtert das Versenden von Informationen an viele Empfänger, die in gleicher Weise benachrichtigt werden sollen. Dies können Einladungen zu Besprechungen, Terminhinweise, Diskussionsrunden („chats"), Produktinformationen und vieles mehr sein. In Sekundenschnelle kommt die Nachricht beim Empfänger – und das weltweit – an, und in kürzester Zeit können entsprechende Rückantworten erfolgen.

Die elektronische Post hat, das sieht man auf den ersten Blick, den enormen Vorteil der Zeitersparnis. Auf den zweiten Blick, wenn man genauer hinschaut, hat sie auch enorme Auswirkungen auf die Kommunikation und Kooperation im Unternehmen. Es gibt eine ganze Palette von Anforderungen sowohl an den einzelnen als auch an das Unternehmen als Ganzes, um einen adäquaten Umgang mit dem neuen Medium zu erreichen.

Nachfolgend beleuchten wir die Auswirkungen der elektronischen Post hinsichtlich Kommunikation und Kooperation unter bestimmten Überschriften:

Schnelligkeit: Innerhalb weniger Sekunden können Nachrichten von Frankfurt/M. nach München, von Erfurt nach New York etc. übermittelt werden. Meist geschieht das mit der Erwartung einer prompten Antwort. Wenn Sender und Empfänger in dieser Erwartung übereinstimmen, wird eine im Vergleich zur Papierpost enorm verkürzte Bearbeitungszeit möglich.

Aber nicht immer decken sich die Erwartungen auf beiden Seiten. Wenn der Sender Allzeit-Erreichbarkeit voraussetzt und eine möglichst schnelle Antwort erwartet, der Empfänger seine eMails aber nur zu bestimmten Zeiten abfragt, um für sich bei der Arbeitseinteilung eine gewisse Zeitautonomie zu haben, kommt es schon mal zu „Unstimmigkeiten". Vielen nicht unbekannt ist die dann erfolgende telefonische Nachfrage des Senders: „Haben Sie mein Mail nicht erhalten?" Bei Personen, die regelmäßig über eMail miteinander kommunizieren, empfiehlt sich hier eine Abstimmung über die jeweiligen Lesemodalitäten und den Umgang mit Dringlichkeit.

Der direkte Draht: Per eMail erreicht man seinen Adressaten in der Regel auf direktem Wege. Wenn der Adressat oder die Adressatin eine Person mit Vorzimmer bzw. Sekretariat ist und der Sender keine Kopie dorthin schickt, ist das Vorzimmer nicht informiert. Dies kann gewollt sein.

Bei der Papierpost wurde diese in der Regel morgens im Sekretariat geöffnet und aufbereitet. Bei dringenden Eingängen in Abwesenheit des Empfängers wußte die Sekretärin, was zu tun war. Bei der elektronischen Post ist diese Sortier- und Reaktionsstufe oft nicht mehr existent. Hier bedarf es der Einführung neuer Versendungs- bzw. Zustellformen, um bestimmte Abläufe zu sichern.

Papierlos: Seit der Einführung der elektronischen Post wird immer wieder vom papierlosen Büro gesprochen. Fragt man bei regelmäßigen eMail-Nutzern nach, so stellt man fest, daß hier die Verhaltensweisen sehr weit auseinanderliegen. Es gibt diejenigen, die fast allen Schriftverkehr elektronisch erledigen. Aber es gibt auch diejenigen, die fast alles ausdrucken, entweder weil ihnen das Lesen in Papierform zumindest bei längeren Texten angenehmer ist oder weil sie bei ihrem gewohnten System der Ablage in Ordnern bleiben wollen, u. a. wegen der Zugänglichkeit für KollegInnen. In manchen Büros wurde noch nie so viel ausgedruckt wie seit der Einführung der elektronischen Post. Hier ist sicher eine Einstellungs- und Verhaltensänderung in den nächsten Jahren sinnvoll und erforderlich. Wie sehr wir beim Umgang mit der elektronischen Post noch in „papierorientierten" Kategorien denken, merkt man auch daran, daß zu löschende Daten in den „Papierkorb" gesendet werden.

Ablage: Wie bei der Papierpost muß auch bei der elektronischen Post bei jedem Eingang entschieden werden, „Ablage oder Papierkorb?" Da die traditionelle Ablage in Papierform dem elektronischen System nicht entspricht, braucht man elektronische Formen der Ablage. Vielfach werden die Daten erst auf dem individuellen Rechner oder je nach Größe des Systems auf dem Server belassen. Dies führt auf die Dauer zu einem enormen Verbrauch von Speicherkapazitäten. Bei genauerer Analyse kann man dann feststellen, daß

• viele Daten veraltet und überflüssig sind;
• viele Daten nur zur individuellen Absicherung gespeichert werden, um im Zweifelsfall etwas belegen oder beweisen zu können;
• bestimmte Daten x-mal gespeichert werden, von allen Personen, die Zugriff auf sie brauchen könnten.

Um verantwortlich mit Speicherkapazitäten umzugehen, ist sowohl der einzelne als auch das Unternehmen gefordert. An dieser Stelle wird oft deutlich, wie gut das Informationsverhalten und die MitarbeiterInnenbeteiligung bei Neuerungen sind.

Fallbeispiel: Eine Mitarbeiterin in einem Unternehmen, das von einer Learning-by-Doing-Kultur geprägt ist, findet nach einem Jahr der eMailnutzung per Zufall heraus, daß man im Microsoft-Exchange-Programm unter Posteingang und Postausgang persönliche Ablageordner anlegen kann. Bisher hatte sie alle wichtigen Unterlagen systematisch in eigens dafür eingerichteten Word-Dateien gespeichert und sich oft über die aufwendige und umständliche Speicherei geärgert. Nachfragen im KollegInnenkreis ergaben, daß viele andere auch nicht um die neu entdeckte Möglichkeit wußten. Als sie sich an den EDV-Zuständigen wandte, erhielt sie die Antwort: „Dann hätten Sie halt fragen müssen!" „Wie soll ich nach etwas fragen, wovon ich nichts weiß" war ihre Antwort. Nachdem ihr erster Ärger verraucht war, regte sie beim Personalverantwortlichen eine systematische Information zur Ablage elektronischer Post an.

Zur systematischen Ablage gehört es auch, daß mehrere Personen, die für ein Sachgebiet zuständig sind, ihre Unterlagen in gemeinsamen elektronischen Ordnern ablegen – in sogenannte Team- oder Abteilungsordner. Solche Ordner befinden sich dann auf dem Server und werden von den zuständigen Personen gemeinsam gepflegt. Der Zugang wird über ein „password" geregelt. Eine solche gemeinsame Ordnerpflege kann sehr effektiv sein. Sie setzt allerdings bei allen Beteiligten eine hohe Kooperationsbereitschaft und Disziplin voraus. Die Struktur solcher Ordner muß vorher von den NutzerInnen gemeinsam festgelegt werden.

Bei Umstellung von Papier- auf elektronische Ordner darf nicht übersehen werden, daß es sich hier um eine grundlegende Veränderung vom analogen, greifbaren zu einem digitalen, nur vorstellbaren Ordnungssystem handelt. Man kann nicht mehr so ohne weiteres jemandem den Ordner mit neu abzulegenden Unterlagen auf den Tisch legen und davon ausgehen, daß der andere die Ablage erledigen kann.

Ein elektronischer Schreibtisch bedarf einer peniblen Ordnung, denn man kann die vermißten Unterlagen nicht einfach durch genaues Durchsuchen der Papierstapel auf dem Schreibtisch wiederfinden. Ein verlegtes Dokument im Datensystem des eigenen PC oder im Datensystem des Unternehmens wiederzufinden, ist äußerst kompliziert.

Datenmengen: Viele Menschen, die über längere Zeit mit elektronischer Post arbeiten, klagen über die eingehenden Datenmengen. Präziser als Problem benannt werden, daß man

- den Mails in der Regel ihre Wichtigkeit nicht ansehen kann; man sie also erst öffnen muß, um die Dringlichkeit oder Wichtigkeit einzuschätzen;
- von vielen Dingen eine Kopie zur Information bekommt, ohne

daß hierfür eine Notwendigkeit besteht, d. h. für viele Nachrichten zu große Verteiler gewählt werden.

Diese zu bewältigenden Datenmengen können aus ganz unterschiedlichen Gründen zusammenkommen. Zum einen wirkt es sich aus, daß durch den direkten Draht ein Vorsortieren durch andere wegfällt. Ähnlich wie bei der Papierpost ist es wichtig, sich in seinem Tagesablauf feste Zeiten für das Lesen von elektronischer Post zu reservieren. Wenn man einen Arbeitsplatz hat, wo Eingänge oft hohe Dringlichkeit haben, muß die Abfrage sicher mehrmals am Tag erfolgen.

Zum anderen geschieht das Versenden von Kopien oft leichtfertig. Es ist einfach, Herrn X und Frau Y auch noch über das Vorhaben zu informieren. Manchmal erwachsen Kopien auch aus dem Bedürfnis, etwas zu demonstrieren: „Soll der/die doch auch mal sehen, daß ...!" oder sich abzusichern i. S. von „Ich habe Sie doch informiert".

Die Reaktionsweisen der Empfänger sind vielfältig. Sie reichen von Ignorieren über Rücksenden mit Kommentaren wie: „Wozu diese Kopie an mich?!" oder „Kopie an mich überflüssig!" bis hin zu ungelesen in den „Papierkorb", wenn man anhand des Absenders schon um den Inhalt weiß, mit dem man sich nicht belasten will.

Im Grunde ist jeder/jede gefordert, bewußt nach dem Leitsatz „Soviel Information wie nötig und sowenig Information wie möglich" zu handeln.

Verteiler: Das Thema „Verteiler" steht immer an, wenn eine Nachricht an mehrere Personen gehen soll.

Oft ist eindeutig, an wen was zu schicken ist. Bei der Wahl der Kopieempfänger gilt es dann zu überlegen, wer noch alles informiert werden soll. Meist gibt es hier Entscheidungsspielräume (s. auch Datenmengen). In der Regel bestehen für bestimmte Versendungen feste Verteiler, die auch im Adreßbuch gespeichert sind. Ein Klick, und die Nachricht ist entsprechend verschickt. Erfahrungsgemäß unterlaufen bei der Verteilerwahl immer wieder „schnelle" Fehler. Manche sind zwar unangenehm, wie z. B., wenn eine Mitarbeiterin einen ausgewählten KollegInnenkreis zum Grünkohlessen einladen will und aus Versehen den Gesamtverteiler anklickt.

Problematischer wird es dann, wenn mit dem Fehlklick persönliche Daten über MitarbeiterInnen bzw. andere zu schützende Daten an einen falschen Verteiler geraten.

Fallbeispiel: Ein Software-Beratungsunternehmen nutzte schon seit längerem eMail für seine Kommunikation zu seinen verschiedenen Außenstellen deutschlandweit. Eine Mitarbeiterin in der Zentrale sollte eine Gehaltsliste an den Leiter einer dieser Außenstellen per eMail schicken, weil dort über die Einstufung eines neuen Mitarbeiters diskutiert werden mußte und Vergleichsunterlagen benötigt wurden. Sie erledigte den Auftrag weisungsgemäß, übersah aber, daß sie bei der Auswahl der Empfängeradresse gleichzeitig eine Verteilerliste mit angab, über die in anderen Fällen Informationen an alle Mitarbeiter des Unternehmens gesandt wurden. Eigentlich wäre dies nur ein „mißliches Versehen" gewesen, wenn es sich nicht um eine üblicherweise nicht veröffentlichte Gehaltsaufstellung gehandelt hätte und – was hier schlimmer zählte – diese Liste jetzt in die Hände aller Mitarbeiter des Unternehmens kam. Auch dies könnte man wieder als unschönen Fehler einstufen, wenn nicht gerade das Thema „Gehalt" ein sehr sensibles und heikles innerbetriebliches Thema darstellt.

Nicht immer muß der fehlerhafte Umgang mit dem neuen Medium eMail solche gravierenden Auswirkungen nach sich ziehen. Aber das Beispiel zeigt doch, um wieviel schneller und mit welch höherer Tragweite sich hier ungewollte Konsequenzen einstellen können. Es erfordert noch mehr als in der traditionellen Kommunikation Menschen, die sich über diese Konsequenzen im klaren sind, die von ihrer Persönlichkeit her in der Lage sind, sachgerecht und verantwortlich damit umzugehen.

Flexibilität: Die elektronische Post bringt in jedem Fall eine enorme zeitliche Flexibilität für das Versenden und Lesen von Nachrichten. Wer dann noch über ein Notebook mit Modem verfügt, dem bringt dies zusätzlich eine fast grenzenlose örtliche Flexibilität. Auch lassen sich über das elektronische Netz Heimarbeitsplätze bezogen auf den Informationsfluß optimal anbinden.

Das elektronische Netz ermöglicht überdies eine Kooperation über räumliche Distanzen, die so bei der Papierpost bisher unmöglich waren. So kann man an verschiedenen Orten sitzen und gemeinsam einen Text verfassen, eine Konstruktionszeichnung erstellen etc., indem man die Dateien hin und her schickt. Oder eine in Deutschland erstellte Powerpoint-Präsentation wird über das Datennetz nach Kanada geschickt, wo ein Kollege sie auf einer Sitzung vorstellt. Dabei kann er bei Bedarf selbst noch kurzfristig Veränderungen vornehmen.

Lesebestätigung: Bei betriebsinternen Datennetzen kann der Versender von Nachrichten an seinem Gerät einstellen, ob er eine Übermittlungs- bzw. Lesebestätigung wünscht. D. h., zu jedem versandten eMail erhält der Sender eine Rückmeldung, z. B. wann – mit Datum und Uhrzeit – die Nachricht vom Empfänger gelesen wurde. Die Nutzung und Reaktion auf diese Einrichtung sind sehr unterschiedlich.

> **Fallbeispiel:** Herr P. – Mitarbeiter in einem Unternehmen, in dem die elektronische Datenübermittlung neu eingeführt wurde – erfährt von dieser Möglichkeit und ist völlig entsetzt. Er gibt seinem Entsetzen mit folgenden Worten Ausdruck: „Das geht niemanden etwas an, wann ich meine Mails lese. Das ist eine Verletzung der Persönlichkeitsrechte. Ich will diese Art von Kontrolle nicht!"
>
> KollegInnen halten dagegen, indem sie für die Vorteile der Lesebestätigung argumentieren. „Auf diese Art kannst du bei dringenden Nachrichten sehen, ob der andere sie zur Kenntnis genommen hat oder nicht. Sollte er oder sie verreist sein und du realisierst das nicht, könnte das bei manchen Vorgängen zu kritischen Situationen führen." „Du brauchst so eine Sicherheit, zumal es durch den direkten Draht auch kein anderer merkt, daß dort eine dringende Sache unbearbeitet vor sich hinschmort."
>
> Die Argumente waren von Herrn P. nicht von der Hand zu weisen. Somit veränderte er seine Position dahingehend, daß er dann zumindest an der eingehenden Nachricht erkennen können wolle, ob der Sender die automatische Lesebestätigung aktiviert hat.

Nach bisherigem Kenntnisstand gibt es diese Möglichkeit bei den marktgängigen Systemen nicht. Wüßte jeder Empfänger, ob der Sender eine automatische Lesebestätigung bekommt, könnte er sich manche Rückmeldung sparen.

Ganz zu vernachlässigen sind die Bedenken von Herrn P. nicht. Denn bei genauer Auswertung der Lesebestätigungen kann man

durchaus Erkenntnisse über regelmäßige Mail-PartnerInnen gewinnen. So weiß man recht bald, daß Frau M. ihre Mails immer
morgens zwischen 7.00 und 8.30 Uhr liest und dann erst wieder
nach 15.00 Uhr. Von Herrn O. weiß man, daß er vormittags vor
12.00 Uhr nie seine Mails liest, wohingegen er des öfteren nach
22.00 Uhr noch mal seine Eingänge – offensichtlich über Notebook von zu Hause – abfragt.

Mit solchem Wissen kann man dann teilweise Reaktionen beeinflussen.

Mißbrauch: Ein Mail mit der Überschrift „wichtige Mitteilung",
das den Satz enthält: „Heute ist schönes Wetter!"

und an alle 250 Mitarbeiterinnen eines Unternehmens geschickt wird, ist sicherlich unter der Kategorie „Unfug" abzulegen
und wird möglicherweise eine Ermahnung nach sich ziehen.

Wenn aber Herr C. im Versand eines Leuchtenherstellers seiner
Kollegin Frau G. aus dem Verkauf, von deren Fachkompetenz er
noch nie etwas gehalten hat, über einen offensichtlich wesentlich
zu groß gewählten Verteiler nachweist, daß sie einen dummen
Fehler gemacht hat, der eigentlich nicht hätte passieren dürfen, ist
das eine öffentliche Bloßstellung.

Wie mit einem solch unkollegialen Vorgang umgegangen wird,
ist sicherlich für die Arbeitskultur in einem Unternehmen nicht
unerheblich.

Internet

Im allgemeinen Bewußtsein verankert als **das** elektronische In-
formationszentrum schlechthin ist das Internet, genauer gesagt
das „World-Wide-Web" als das weltweite Netzwerk von Informationen. In kürzester Zeit lassen sich Informationen aller Arten
(Daten, Texte, Bilder, etc.) suchen und finden. Suchmaschinen
verschiedenster Anbieter helfen dabei, gezielt über Stichworte an
die gewünschten Quellen heranzukommen. Viele Unternehmen
präsentieren sich selbst über eigene Informationsseiten („home-
pages") dem riesigen anonymen Markt. Die Mitarbeiter in den Unternehmen haben direkten Zugang zu diesen Informationsquellen
und Datenbanken über ihre Arbeitsplatzcomputer und können
auf diese Weise direkt auch die gewünschten Informationen an-
fordern.

Intranet

Noch nicht ganz so weit ausgebaut ist die unternehmensinterne Variante dieses Mediums, das Intranet. Es ermöglicht die Verteilung aktueller Informationen zeitgleich an alle Mitarbeiter an allen Standorten des Unternehmens, und es schließt in den meisten Fällen die Möglichkeit ein zur Kommunikation der Mitarbeiter untereinander. „Es gewährleistet schnelle, zeitgleiche und globale Just-in-time-Information, die einerseits zu größerer Transparenz und damit höherer Motivation und Identifikation der Mitarbeiter führt. Es kommt zu einer umfassenden Veränderung von Kommunikationsabläufen, zur Informationstransparenz, zur Demokratisierung von Information, zu einer Enthierarchisierung von Herrschaftswissen" – so wird ein Mitarbeiter der Hoechst AG Frankfurt/M. in einem Aufsatz der Zeitschrift management & seminar zitiert (*Wolf* 1998, 34). Das Problem hier scheint aber vielfach die Kommunikation selbst zu sein: Wer ist im Unternehmen für diesen Kommunikationsweg zuständig? Wer stellt Informationen ins Intranet ein? Wie wird sichergestellt, daß die Mitarbeiter die Informationen auch regelmäßig abrufen?

Ob das Intranet die zitierte „Informationstransparenz" auch wirklich herbeiführt, hängt wesentlich davon ab, welche Kommunikationskultur in einem Unternehmen vorherrscht.

Fallbeispiel: In einer Bildungseinrichtung soll die Kosten-Leistungs-Rechnung eingeführt werden. Die Information der MitarbeiterInnen, die sich vielfach neuen Wind von dem Projekt versprechen, erfolgt auf einer Belegschaftsversammlung. Auf Nachfragen kommt mehrfach die Antwort: „Wir stellen die Informationen ins Intranet! Dort können Sie alles in Ruhe nachlesen." Bei den Skeptikern unter den MitarbeiterInnen erzeugt dieses Informationsverhalten eher den Eindruck, daß Fragen abgewehrt werden sollen. Als dann nach mehr als einer Woche die angekündigten Informationen immer noch nicht ins Netz gestellt worden sind, sinkt auch bei den anfangs Motivierten das Interesse, und es stellt sich eine Stimmung ein, die in folgenden Worten einer Mitarbeiterin ihren Ausdruck findet: „Das Projekt interessiert mich nicht mehr!!"

In der Realität wird niemand umhinkommen mitzumachen, aber durch das ungeschickte Informationsverhalten der Projektleitung wird Engagement und Motivation von Mitarbeitern aufs Spiel gesetzt.

Umgang mit den elektronischen Kommunikationsmitteln – ein Spiegel individueller und unternehmerischer Eigenarten

Genauer betrachtet lassen sich an den Phänomenen, die sich im Umgang mit den (neuen) elektronischen Kommunikationsmitteln herausbilden, unternehmensspezifische und individuelle Eigenarten ablesen.

Viele Daten speichern: Wenn jemand viele Daten speichert mit der Begründung: „Das brauche ich, um dies und das belegen zu können." so läßt dieses Verhalten auf hohes persönliches Absicherungsverhalten schließen.

Ist dieses Verhalten allerdings bei einer Anzahl von MitarbeiterInnen in einer Abteilung oder im ganzen Unternehmen vorhanden, so deutet dies auf eine abteilungsspezifische oder unternehmensweite Mißtrauenskultur hin. Eine Veränderung des „Speicherverhaltens" läßt sich hier wohl kaum verordnen, sondern bedarf einer Verhaltensänderung des entsprechenden Vorgesetzten.

Diskussionsforen laufen nicht: In einem wissenschaftlichen Institut werden mit der Einführung des Intranet Diskussionsforen zu bestimmten Themen eingerichtet. Es ist allerdings auffallend, daß sich kaum ein Viertel der in Frage kommenden Personen an der Diskussion beteiligen. Als sich die Anzahl der elektronischen Diskutanten auch nach Wochen nicht erhöht, beginnt die Diskutantenrunde darüber zu spekulieren und zu diskutieren, warum sich die anderen nicht beteiligen, befragt werden die sich nicht beteiligenden KollegInnen nicht.

Im persönlichen Gespräch wird deutlich, daß die Nichtbeteiligung auf ein allgemein beklagtes, nicht offenes Kommunikationsklima zurückgeht. Eine in einem anderen Zusammenhang formulierte Kritik lautet: „Bei uns wird viel **über** KollegInnen gesprochen, aber wenig **mit** ihnen."

Deutlicher als bei den elektronischen Diskutanten konnte sich das Phänomen kaum abbilden.

Disziplin: Der Umgang mit den elektronischen Kommunikationsmitteln erfordert bei den NutzerInnen und bei den Verantwortlichen eine gewisse Arbeitsdisziplin. Immer wieder taucht die Auffassung auf, mit der Information über das Intranet könne man die
MitarbeiterInnen zu regelmäßigen Abfragen „disziplinieren". Dies
mag bis zu einem gewissen Grad sogar gelingen, allerdings vorausgesetzt, daß die Verantwortlichen auch zeitnah und umfassend
– also diszipliniert – informieren.

Wenn sich wie in o. g. Beispiel die Leitung nicht entsprechend
verhält, darf man sich nicht wundern, daß die MitarbeiterInnen
das Intranet nicht konsequent nutzen.

Lern- und Arbeitsstil: Meist spiegelt sich in der Art der Einführung
neuer Systeme der Lern- und Arbeitsstil eines Unternehmens wider; dies gilt auch für die elektronische Kommunikation. Wo viel
Wert auf Systematik gelegt wird, erfolgt eine solche Einführung
auch entsprechend über eine strukturierte und wohl organisierte
MitarbeiterInneninformation und -fortbildung. Meist gibt es entsprechend qualifizierte und klar zuständige EDV-Verantwort-
liche.

Wo eher situativ entschieden und nach der Methode Learning
by Doing verfahren wird, erfolgt die Einführung neuer Systeme
eher unstrukturiert. Die MitarbeiterInnen sind viel auf sich selbst
zurückgeworfen mit dem Ergebnis, daß manche sich mit Begei-
sterung in die Sache stürzen, während andere sich mehr recht als
schlecht mit der Neuerung arrangieren und dann z. B. nach einem
Jahr entdecken, daß man im Exchange-Programm individuelle
Ordner einrichten kann. Die EDV-Verantwortlichen in einem solchen Unternehmen sind oft Self-made-Experten, die meist systematische Fortbildung für die MitarbeiterInnen für eine Zeitver-
schwendung halten. Wenn schon Fortbildung, dann eher für
kurze anlaßbezogene Angebote.

Es geht hier nicht darum, die eine oder die andere Art des Vor-
gehens als die richtige zu deklarieren. Meist sind es auch ganz unterschiedliche Unternehmen, in denen die eine oder andere Art
vorherrscht. Wichtig ist nur, daß man zum einen um die eigenen
Vorlieben weiß und zum anderen daran denkt, daß es im Unternehmen immer auch MitarbeiterInnen gibt, denen persönlich ge-

nau die andere Arbeitsweise entspricht. Um hier größere Reibungsverluste zu verhindern, empfiehlt es sich, die jeweils andere Art mit in den Blick zu nehmen. **Im Grunde geht es darum, Zusammenarbeit konstruktiv zu gestalten.**

7. Fallstudien beurteilen

> Zusammenkommen ist ein
> Beginn.
> Zusammenbleiben ist ein
> Fortschritt.
> Zusammenarbeiten ist ein
> Erfolg.
>
> *Henry Ford I*

In diesem letzten Abschnitt unserer Überlegungen stellen wir zwei unterschiedliche Fallstudien vor. Die eine (Kap. 7.1) zeigt, wie die von uns in diesem Buch geschilderten Instrumente der Selbst- und Fremdwahrnehmung beitragen können, die Zusammenarbeit in einer **Arbeitsgruppe** erfolgreich zu gestalten. Die andere (Kap. 7.2) stellt dar, wie eine Vorgesetzte ihre **Kompetenzen erweitern** kann, wenn sie bei Antritt einer neuen Leitungsfunktion durch eine Einzelberatung begleitet wird.

Wenn nach *Adler* (1927/1966, 113) „der Mensch bei der Herstellung und Sicherung seiner Lebensbedingungen, bei der Erfüllung seiner drei Hauptaufgaben des Lebens (Liebe, Beruf und Gesellschaft) sowohl das Gemeinschaftsgefühl betätigt, als auch sein Geltungsstreben, sein Streben nach Macht und Überlegenheit durchsetzen kann", dann bewegt sich Zusammenarbeit im ständigen Spannungsfeld zwischen diesen Polen des Gemeinschaftsgefühls für und zu anderen und des individuellen Geltungsstrebens. Zusammenarbeit kann dann als erfolgreich bezeichnet werden, wenn es gelingt, zwischen diesen beiden Polen einen „gerechten", d.h. für alle tragbaren Ausgleich zu finden.

Beide Fallstudien sollen verdeutlichen, daß es tatsächlich möglich ist, konstruktiv mit schwierigen Situationen des betrieblichen Alltags umzugehen. Sie sollen anregen und ermutigen, nichts so sein zu lassen, wie es sich nun einmal ergeben hat, sondern aktiv die Zusammenarbeit zu gestalten und damit zu verbessern.

7.1 Zusammenarbeit in einer Abteilung

„Die Fähigkeit zur Einfügung in die Gemeinschaft setzt... Mut und Selbstvertrauen voraus." (*Wexberg* 1924, 429) Im betrieblichen Bereich bedeutet dies, sich mit Mut und Selbstvertrauen in die dort vorgefundene Gemeinschaft einzufügen, ohne dabei Schaden an der seelischen Gesundheit zu nehmen. *Wexberg* (1932, 98) meint dazu auch, daß derjenige, der genügend Selbstvertrauen hat, ganz von selbst und mit Freude die Leistung zustande bringen wird, für die er im Sinne von Ausbildung und Erfahrung vorbereitet ist, immer vorausgesetzt, daß diese Leistung als solche sachlich und persönlich einen Wert für ihn darstellt.

Ein gesundes Selbstvertrauen stärkt also den Willen zur Leistung. Der einzelne ist eher bereit, sich mit seinen Fähigkeiten in die Arbeitsgruppe einzubringen, wenn er damit auf normale Art und Weise Geltung, Bedeutung haben kann, ohne dabei auf Kosten der anderen zu leben und zu arbeiten.

Kommentar: Für Vorgesetzte und Mitarbeiter einer Abteilung, die besser zusammenarbeiten wollen, bedeutet dies,

• Verständnis zu gewinnen für die eigenen Stärken und Schwächen (Selbstvertrauen), und

• lebensstilbezogene und dabei gemeinschaftsförderliche Verhaltensweisen erarbeiten.

Die Situation

Vorgesetzte und Mitarbeiter einer Abteilung in einem süddeutschen Unternehmen hatten sich – nach mehrjährigen Bemühungen – entschlossen, ein Kooperationstraining als Abteilung durchzuführen. Ziel sollte es sein, die Zusammenarbeit innerhalb der Abteilung, also in und zwischen den Arbeitsgruppen, und auch zu anderen Abteilungen des Unternehmens zu verbessern. Die Betriebszugehörigkeit der insgesamt 12 Personen und die Zugehörigkeit zu dieser Abteilung schwankte zwischen 2½ und 20 Jahren. Für das Training standen zwei Arbeitstage zur Verfügung.

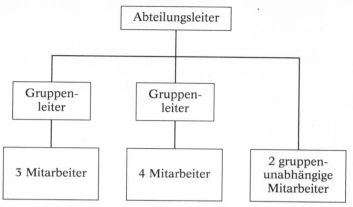

Abb. 31: Organigramm der Abteilung

Der Ablauf

Bei einer ersten Meinungsabfrage zu den offenen Fragen, die die Teilnehmer in das Training mitbrachten, gab es diese Aussagen:

1. „wenig Kontakt zu anderen Abteilungen"
2. „Unverständnis für unsere Arbeitsweise"
3. „Wir sind arrogant und eingebildet"
4. „Unverständnis für die Arbeitsweise der anderen"
5. „Probleme innerhalb der Bereiche in dieser Abteilung"
6. „Ständiger Wechsel in der Leitung der übergeordneten Ebene"
7. „Jeder ist auf sich gestellt (wegen Leitungswechsel)"
8. „Jeder meint, selbst entscheiden zu können"
9. „Wir möchten gerne selbst entscheiden"
10. „Entscheidungshorizont vermindert Frustrationen"
11. „Vorher absprechen, wofür man verantwortlich ist"
12. „Ziele der einzelnen Mitarbeiter?"

Kommentar: Die Vermutung liegt nahe, daß viele dieser Aussagen der Prägung III zuzuordnen sind; dafür spricht, daß das Selbst-Entscheiden-Wollen im Zentrum der Formulierungen steht, verbunden mit dem Wunsch, sich gegen Zugriffe von außen abzugrenzen.

Da nach diesem ersten Schritt beim Trainer das Gefühl entstand, daß die Teilnehmer möglicherweise auch Probleme mit Vorgesetzten haben könnten, also mit Menschen, die ihnen etwas zu „sagen" haben, schnitt er das Thema „Autorität" an, das ja ursprünglich soviel wie „Ansehen" bedeutete (Lateinisch „auctoritas" = Ansehen). Bei Nachfrage nannten die Teilnehmer verschiedene Assoziationen zum Stichwort „Autorität":

- Erreichbarkeit des Vorgesetzten
- der Vorgesetzte kann mir fachlich helfen
- Einfühlungsvermögen in den Mitarbeiter
- aufeinander zugehen
- sich abgrenzen können.

Kommentar: Die Vermutung wurde dadurch im wesentlichen gestützt, denn auch diese Gedanken stehen eng mit der Prägung III in Verbindung. Auch der Trainer selbst könnte für die Teilnehmer eine Art Autorität gewesen sein, weil sie sich ihn – als Menschen außerhalb ihres Unternehmens – gewählt hatten, verbunden möglicherweise mit dem Wunsch, daß er

- für sie erreichbar sei;
- sich in die Teilnehmer einfühlen könne;
- Gelegenheit geben würde, sich einzulassen;
- auf die Teilnehmer zugehen würde und diese auf ihn;
- alle sich aber situationsgerecht abgrenzen könnten.

Der Fragebogen zur Feststellung der eigenen Prägungen (siehe S. 69) sollte dann Klarheit darüber bringen, wie die Prägungen bei den Mitarbeitern dieser Abteilung verteilt waren; das Ergebnis:

- ein Teilnehmer mit der Prägung I
- neun Teilnehmer mit der Prägung III
- zwei Teilnehmer mit der Prägung IV

Kommentar: Der Einsatz eines Fragebogens mit sehr „persönlichen" Inhalten und unkalkulierbarer Auswertung muß gerade in einer Runde, die stark von Prägung III gekennzeichnet ist, Unruhe oder gar Ängste auslösen. Der Hinweis auf eine anschließende angeleitete Selbstauswertung erscheint hier besonders wichtig zu sein. Außerdem sind Ergebnisse behutsam zu erläutern, immer mit der „Hintertür", daß auch alles anders sein kann.

In der Diskussion wurden die jeweiligen Stärken und Schwächen der einzelnen Prägungen angesprochen. Insbesondere über die Frage „Was will ich vermeiden durch meine ‚Wahl' der Prägung X?" kamen die Ängste heraus, die sich bei jedem gerade auch in seiner betrieblichen Arbeitssituation zeigten:

- die Angst vor Streß, Hektik, Belastung bei Prägung I;
- die Angst vor Risiko, Unsicherheit, unvorhergesehenen Ereignissen oder Schwierigkeiten bei Prägung III;
- die Angst vor Ablehnung, Kritik, Konflikten bei Prägung IV.

Kommentar: Die eingangs zusammengetragenen offenen Fragen (1–12, siehe oben) haben, wie vermutet, ihren Ursprung in den vertretenen Prägungen. Beispielsweise steht die Aussage, wenig Kontakt zu anderen Abteilungen zu haben (1), oder selbst entscheiden zu können (9), mit der Prägung III in Verbindung. Die Frage nach den Zielen der einzelnen Mitarbeiter (12) korreliert mit der Prägung IV.

Die Teilnehmer erarbeiteten dann in einzelnen Kleingruppen (mit jeweils ähnlicher Prägung) Ergebnisse, die zum Ausdruck bringen sollten, was ihr besonderes Anliegen bei der Bewältigung der täglichen Arbeit ist. Dieses sollte demzufolge im Alltag unbedingt erfüllt sein, damit sie sich wohl fühlen und ihren entsprechenden Beitrag zum Abteilungsziel leisten können.

Ergebnisse zu Prägung III:

- korrekt, schnell, kundenorientierte Ziele erreichen und durchsetzen, auf den Punkt kommen;
- gründliche, schnelle Abwicklung;
- konzentriertes, überlegtes Arbeiten;
- klare Ausdrucksweise/Konzept;
- Orientierung an Vorgaben;
- Durchsetzung von Positionen;
- vorausschauendes Planen von Arbeiten;
- mit Konsequenz Fehlerquellen, die erkannt worden sind, abstellen;
- klare Verhältnisse, persönlich und fachlich;
- Flexibilität;
- gewissenhafte, gründliche und zuverlässige Planung und Durchführung;

– damit vertretbare Ergebnisse nach außen;
– unbedingte Leistungsbereitschaft der gesamten Gruppe.

Ergebnisse zu Prägung IV:
– Zusammenarbeit;
– Streit schlichten oder verhindern;
– lockere Atmosphäre;
– Spaß, Lachen;
– Anerkennung;
– Unterstützung von anderen.

Kommentar: Es war wichtig, an diese Stärken im Arbeitsverhalten der einzelnen Teilnehmer heranzukommen, weil darin ein ermutigender Effekt zu sehen ist: „Was mir wichtig ist, kann ich in aller Regel auch gut ausführen." Wenn jemand vermeiden will, sich in seiner Arbeitssituation unwohl zu fühlen, dann kommt es darauf an, frühzeitig das Beste daraus zu machen. Die Frage kann dann nur sein, welche seiner Fähigkeiten, seiner Stärken an welcher Stelle gefragt sind und damit nutzbar gemacht werden können.

Wie wir an anderer Stelle gezeigt haben, stehen bei der Entwicklung des Lebensstils verschiedene Einflußgrößen miteinander in Beziehung. Der Lebensstil, der sich in den einzelnen Prägungen widerspiegelt, „wird leichter verständlich, wenn wir die situativen Bedingungen beachten, unter denen und auf die hin er als eine wie auch immer geartete Form der Bewältigung entworfen wurde" (*Heisterkamp* 1995, 206). Aus diesem Grunde ist zur Relativierung der Überlegungen zu den Prägungen besonders die Feststellung der Geschwisterkonstellation geeignet, weil sich in ihr ja auch das Zusammenleben von „Geschwistern" in der betrieblichen Alltagssituation wiederfindet. Außerdem ist sie gerade in einem Kooperationstraining mit Mitarbeitern wesentlich griffiger und leichter nachvollziehbar als z. B. die Familienatmosphäre. Letztere führt zwangsläufig in die Biographie der einzelnen Teilnehmer, denn Familienatmosphäre ist nur verständlich aus der Geschichte der einzelnen Familien und des einzelnen in seiner Familie. Dies macht aber ausführliches Erzählen und Darstellen erforderlich, was in einer Runde von 12 Teilnehmern zeitlich nicht möglich ist. Außerdem hätten bei der Fülle der beschriebenen Familienatmosphären (vgl. z. B. *Titze/Gröner* 1989, 73 ff) die auf Sicherung und Überschaubarkeit bedachten (meisten der) Teilnehmer an dem Training kaum „Land gesehen", wären eher verunsichert worden.

Diese Geschwisterpositionen waren in der Runde vertreten:
- 6 Älteste
- 3 Einzelkinder
- 2 Jüngste
- 1 Mittlerer

Um ihre Gemeinsamkeiten festzustellen, sollten sie die positiv oder negativ erlebten Situationen in der jeweiligen Geschwisterposition zusammentragen. Wir verzichten hier auf die Wiedergabe im einzelnen, weil sie – wie so üblich bei derartigen Überlegungen – den „klassischen Erfahrungen" entsprechen, wie sie weiter oben bereits geschildert sind (Kap. 3.1, S. 33). Diese Situationen machen deutlich, wie dadurch „Meinungen" zustande kommen, die wiederum Einfluß haben auf den Lebensstil des betreffenden Menschen. Auch im Erwachsenenleben verraten sich die „typischen" Geschwister durch ihre unverkennbaren Eigenheiten.

Aber eine Einzelheit aus dem Training mag als ein zusätzlicher, vielleicht typischer Aspekt die Situation beleuchten. Alle „Ältesten" saßen direkt links und rechts vor dem Trainer, die übrigen Geschwisterpositionen dann an der Stirnseite der U-förmigen Tischrunde.

Kommentar: Es wäre bestimmt überinterpretiert, einer Sitzordnung allein zu viel Bedeutung beizumessen. Aber es stellt sich doch die Frage, ob hier in der geschilderten Situation die oft lebenslangen Rivalisierungskämpfe und Zurücksetzungserlebnisse sichtbar wurden. Wollten die „Ältesten" die „anderen Geschwister" vom Trainer abdrängen, den Kontakt zwischen ihnen und ihm kontrollieren? Oder wollten die anderen ihren „älteren Geschwistern" gefühlsmäßig den Vortritt lassen, weil sie – als Einzelkinder, Mittlere oder Jüngste – keine Probleme haben, auch aus anderen Sitzpositionen heraus zu Wort zu kommen? So könnten auch in der betrieblichen „Sitzordnung" unbewußt die Rollen als Geschwister wirksam werden, in dem sie, soweit technisch und räumlich überhaupt machbar – sich Positionen suchen, in denen sie sich entsprechend ihrer Erfahrungen wohl fühlen.

In dem Kooperationstraining fanden noch weitere Übungen statt, die Verhalten verdeutlichen und offenlegen sollten. Immer wieder aber stand der Bezug zur eigenen Persönlichkeit, zu den eigenen Stärken und Schwächen im Mittelpunkt der Beobachtungen und Diskussionen.

Abgeschlossen wurde das Training durch eine Feedback-Runde, in der jeder darlegen konnte, was für ihn in dieser Zeit deutlich geworden war. Hatten übrigens am Beginn die „Ältesten" mit ihren Problemdarstellungen begonnen, so waren es am Ende die „übrigen Geschwister", ein Zeichen dafür, daß sie in der Gruppe ihren Platz und ihren Eigenwert gefunden hatten. Und dies wollten die Teilnehmer sich in der Zeit nach dem Training vornehmen:

1. „Meine Einstellung überprüfen, Frustrationstoleranz erhöhen";
2. „Ich will versuchen, direkt auf Leute zuzugehen, und Konflikte lösen";
3. „Nicht mehr so schnell aus der Haut fahren, nicht vorschnelle Gegenargumente bringen, mich nicht persönlich angegriffen fühlen";
4. „Beim Problem, andere ausreden zu lassen, auch mehr nachfragen, wie es gemeint war";
5. „Bei eigenen Entscheidungen die Auswirkungen auf die Mitarbeiter berücksichtigen";
6. „Ich will versuchen, nicht aggressiv zu reagieren, sondern verständlich sein, und eigene Aggressionen im Gespräch mit Vorgesetzten abbauen";
7. „Probleme gleich ansprechen, dabei Verständnis für andere und ihre Ziele aufbringen";
8. „Eigene Bedürfnisse in die Gruppe einbringen";
9. „Prägung III abbauen; in Konflikten Lösungen suchen";
10. „Extreme Kontrahaltung abbauen; Prägung IV abbauen, es erdrückt mich im familiären Bereich";
11. „Ich will ruhiger werden, nicht auf andere Hektik verbreiten";
12. „Ich will meine Prägung III fachlich nutzen; außerdem will ich Gefühle mehr ausdrücken und mich einlassen können".

Kommentar: Verglichen mit den hinter diesen Aussagen stehenden Prägungen, läßt sich hier ein hohes Maß an Selbsteinschätzung und Selbsterkenntnis feststellen. So ist es z. B. für Teilnehmer (8) mit der Prägung IV völlig in Ordnung, wenn er für sich erkennt, daß er seine eigenen Bedürfnisse in die Gruppe einbringen will. Oder daß Teilnehmer (5), der Abteilungsleiter mit Prägung III, bei seinen eigenen Entscheidungen mehr als bisher auch an die Auswirkungen auf seine Mitarbeiter denkt. Jeder bleibt bei seinem Verhalten, d. h. der grundsätzlich vorhandenen Prägung. Er will aber zumindest darauf achten, jetzt mehr seine Stärken in die Arbeitssituation einzubringen und dabei seine Schwächen sich selbst oder den anderen gegenüber in den Hintergrund zu rücken.

Die Schlußfolgerungen

Wenn unter Beratung „die dialogische Verständigung zwischen einem oder mehreren Ratsuchenden und einem oder mehreren Ratgebenden über ein Lebensproblem, das vom Ratsuchenden zum Anlaß der Verständigung erhoben wurde" (*Tymister* 1995, 59) aufgefaßt werden kann, geschehen in einem betrieblichen Training ständig Beratungen, weil im dialogischen Prinzip der Trainingsarbeit Lösungen zu Fragen der beruflichen Tätigkeit (und wahrscheinlich sogar darüber hinaus) erarbeitet werden. Zwar sind nicht immer die Prinzipien der klassischen Beratung gegeben, z. B. das Prinzip der Freiwilligkeit, wenn die Mitarbeiter sich nicht von sich aus für eine Trainingsmaßnahme entscheiden können. Auch ist es für Teilnehmer nicht immer möglich, Grenzen zu setzen, wenn Trainingsinhalte von vorneherein feststehen. Je mehr es aber einem Trainer gelingt, den Nutzen einer Maßnahme für den Teilnehmer herauszustellen, desto eher versetzt er ihn in die Lage, die Erkenntnisse aus dem Training für sich anzunehmen. An-Nehmen ist aber ein Vorgang aus dem Teilnehmer selbst heraus, er entscheidet, ob oder ob nicht, sofern er die Chance hierzu erhält. Jede Art von Zwang würde diesem Prinzip widersprechen. In diesem Sinne wird Training auch zu Beratung, wenn Inhalt und Ablauf so offen wie möglich gestaltet werden, auch was das Setting wie Seminarzeiten, Pausenregelung, etc. betrifft.

Letztlich findet Beratung immer dann in einem Training statt, wenn es gelingt, Teilnehmern Zusammenhänge in ihrem gefühlsmäßigen Ursprung nachvollziehbar werden zu lassen. Sie können ihr aktuelles Problem verstehen und für sich entscheiden, welche konkreten Handlungsschritte zur Lösung des Problems sinnvoll sind (*Fuchs-Brüninghoff* 1990, 71). Zusammenarbeit gestalten heißt dann, an Bausteinen wie z. B. den Prägungen zu arbeiten, die zu einer erfolgreichen Zusammen-Arbeit führen.

7.2 Die neue Leiterin

Frau X., 42 Jahre, wird Leiterin einer mittleren Bildungseinrichtung. Sie ist nicht die Wunschkandidatin ihres Vorgängers. Sie wird vom Träger der Einrichtung, der Stadtverwaltung, ausgewählt, weil sie Erfahrung hat mit neuen Steuerungsmodellen und sie sich in Controlling (von der Unternehmensführung ausgeübte Steuerungsfunktion) gut auskennt. Von ihr wird erwartet, daß sie die Mitarbeiter und Mitarbeiterinnen in wirtschaftliches Denken einführt. Als neue Leiterin würde sie in ihrer Einrichtung gern eine Organisationsentwicklung durchführen. Dies wird von der Stadt „als z. Z. nicht finanzierbar" abgelehnt, aber für das nächste Haushaltsjahr in Aussicht gestellt. Als Kompromiß kann sie eine Erhöhung des Fortbildungsetats aushandeln mit der Option, für sich persönlich eine Leitungsberatung in Anspruch zu nehmen.

Der Beratungskontrakt lautet: „beraterische Begleitung beim Eintritt in eine Leitungsfunktion". Frau X. formuliert ihre Ziele für die Beratung folgendermaßen: „Ich will mir mein Selbstverständnis als Leiterin erarbeiten. Ich will mir ein Personalführungs- und -entwicklungskonzept erarbeiten und Leitlinien für die Entwicklung der Einrichtung festlegen." Parallel zur Beratung besucht sie Fortbildungsseminare in Personalentwicklung und Leitbildentwicklung. Aufgrund mehrjähriger Beratungserfahrung kennt sie ihre eigene Persönlichkeit recht gut; der Organisationskulturansatz ist neu für sie.

Zum Einstieg in die Beratung beschreibt Frau X. sich selbst als engagiert, sachorientiert, als jemand, die klare und transparente Abläufe schätzt, die über eine hohe Steuerungkompetenz verfügt, die über die Dinge, für die sie verantwortlich ist, gern den Überblick hat. Sie mag mit ihrer Arbeit Spuren hinterlassen, steht aber nicht so gern im Rampenlicht. Ihre Wirkung auf andere beschreibt sie mit den Worten „weniger gewinnend eher überzeugend". Sie hält viel von Beteiligung der Mitarbeiter und Mitarbeiterinnen, aber bei klarer Übernahme der Verantwortung. „Ich schätze ein Arbeitsklima, in dem alle kooperativ an einem Strang ziehen."

Unter der Überschrift Kulturanalyse entsteht über mehrere Sitzungen folgendes Bild von ihrer Bildungseinrichtung und den dort tätigen Personen:

- **Der Vorgänger:** Er war ca. 15 Jahre Leiter der Einrichtung und ist mit Erreichen der Altersgrenze ausgeschieden. Er galt als sehr kulturinteressiert und organisierte Studienreisen; der Kleinkram in der täglichen Arbeit war ihm eher lästig. Er war charismatisch, galt als eitel, auf Außenwirkung bedacht und hatte einen Ruf als brillanter Repräsentant der Einrichtung.

- **Die Einrichtung** und ihre Mitarbeiter und Mitarbeiterinnen: Der Stellvertreter hatte sich auch auf die Leitungsstelle beworben. Er war offensichtlich sehr enttäuscht und verärgert darüber, nicht genommen worden zu sein.

  Es gab keine klare Struktur, Arbeitsabläufe wirkten teilweise sehr „gewachsen", Entscheidungswege waren nicht klar nachvollziehbar, einige Fachbereiche wirkten wie kleine Königreiche. Es gab einen starken Verwaltungsleiter mit gutem Draht zum Vorzimmer.

- **Als Kommunikationsstil** hatten sie einen freundlichen, aber unverbindlichen Umgang miteinander ausgemacht. Es gab wenig Gemeinsames. Es galt offensichtlich die Devise „Jeder kümmert sich um seine Angelegenheiten und redet dem anderen nicht rein." Die Gruppe der Pädagogen und Pädagoginnen charakterisierte sie als eine Ansammlung von Individualisten, die offensichtlich so etwas wie Teamgeist nicht kannten.

Als Erwartungen, die in den ersten Tagen und Wochen ihr gegenüber geäußert wurden, nennt sie folgende:

- **Verwaltungsleiter:** „Ich bin ja äußerst gespannt auf Ihr Wirtschaftlichkeitskonzept. Auf mich können Sie rechnen. Für die Pädagogen hier gehört ‚Wirtschaftlichkeit' wohl eher zu den böhmischen Dörfern."

- **Stellvertreter:** „Daß hier hohe Erwartungen an Ihr öffentliches Auftreten bestehen, dessen sind Sie sich doch wohl bewußt. Wenn da die Fußstapfen unseres alten Chefs mal nicht zu groß sind für Sie. Der Mann ist mit seinen Kulturkenntnissen schon einzigartig."
- **Sekretärin im Vorzimmer:** „Neue Ideen und neuen Schwung können wir hier schon gebrauchen. Wo hier die wirklichen Probleme liegen, das kann ich Ihnen ziemlich genau sagen."
- **Bereichsleiterin Sprachen:** „Wissen Sie, bei uns gilt die Devise ‚Jeder kümmert sich um seinen Kram!' Wenn Sie sich daran halten, werden wir bestens miteinander auskommen."

Mit Hilfe dieser Sammlung von ersten Eindrücken und Erfahrungen geht es für die neue Leiterin darum, zumindest in den Grundzügen die Unterschiede zwischen der eigenen Persönlichkeitsstruktur (Lebensstil) und der ihres Vorgängers zu erfassen, um ermessen zu können, wie anders sie ist. Angesichts ihrer Andersartigkeit kann sie abschätzen, welche Kulturveränderungen sie innerhalb der Organisation auslösen wird und welche möglichen Auswirkungen das auf die Mitarbeiterinnen und Mitarbeiter, aber auch nach außen, haben kann. Hinsichtlich des Ausmaßes der anstehenden Veränderungen ist es für sie wichtig, eine Veränderungsstrategie zu entwickeln und an deren Umsetzung andere zu beteiligen. Da sie sich nicht einfach in ein bestehendes System einfädeln kann, gilt es, zu Schlüsselpersonen Beziehungen zu entwickeln und dabei Unterstützungspotentiale zu entdecken und, soweit möglich, destruktive Haltungen abzubauen.

Dies soll an zwei Beispielen erläutert werden:

Der enttäuschte Mitbewerber und Stellvertreter: Wenn sie ihn nicht ausreichend beachtet, besteht die Gefahr, daß sie zur Projektionsfigur für seine negativen Gefühle wird. Sie kann ihm Verständnis für seine Enttäuschung entgegenbringen, muß sich dabei aber bewußt sein, daß sie diese nicht zu verantworten hat. Auch darf sie ihm nicht durch Versprechungen seine negativen Gefühle nehmen wollen. Diese sind Realität. Sie kann ihm Möglichkeiten der fachlichen Zusammenarbeit anbieten. Er kann dann seine Enttäuschung und Verärgerung verarbeiten, und es besteht die Möglichkeit für eine faire Zusammenarbeit.

Der Kulturdezernent: Sie könnte ihn möglicherweise dafür gewinnen, daß er gegenüber den gesamten Mitarbeitern die Erwartungen der Stadt bezüglich einer „neuen Wirtschaftlichkeit" erläutert, dann wäre sie nicht in der Rolle der Überbringerin problematischer Nachrichten und könnte anschließend mit allen gemeinsam die aus den veränderten Außenanforderungen erwachsenden Innenanforderungen formulieren.

Bei der Beratungsarbeit geht es dann darum, zunächst hypothetisch durchzuspielen, was zu tun ist, und dabei einzuschätzen, wo mögliche Klippen für die eigene Person liegen.

Konkret benennt Frau X. u. a., daß der enttäuschte Stellvertreter sie an ihren jüngeren Bruder erinnere, der häufig neidisch gewesen sei auf ihre Erfolge. Sie habe dann ihm gegenüber oft Schuldgefühle gehabt und sich quasi entschuldigt für ihren Erfolg. Hier besteht also die Gefahr der Übertragung einer früheren Beziehungserfahrung auf einen Mitarbeiter. Durch die Beratung kann verhindert werden, daß daraus ein neurotisches Arrangement wird, und der Mitarbeiter wird als Realperson in den Blick genommen.

Als einen weiteren kritischen Punkt für sich erkennt Frau X. die öffentlichen Auftritte. Sie hat Angst vor Situationen, wo sie unvorbereitet wichtigen Personen gegenübersteht und dann möglicherweise gehemmt reagiert. Ihre Angst hat zwei Quellen – ihre persönliche Art und den auftrittstarken Vorgänger. Im Rahmen der Beratung findet sie für sich als Lösung den Weg der Antrittsbesuche und nimmt sich vor, zu sich und ihrer Eigenart zu stehen und nicht mit dem Vorgänger zu konkurrieren.

Angesichts der Fülle der anstehenden Veränderungen erarbeitet sie sich eine Prioritätenliste. Sehr wichtig ist es ihr z. B., hinsichtlich des Arbeitsstils in der Einrichtung kulturkorrigierend zu wirken. Da sie sich der Tatsache bewußt ist, daß dies für die Mitarbeiterinnen und Mitarbeiter ein heikler Punkt ist, wählt sie den Weg über eine interne Fortbildung zum Thema „Arbeitsbeziehungen effektiv gestalten" mit zwei BeraterInnen von außerhalb.

Über die beraterische Begleitung gelingt es Frau X., ihren Leitungseinstieg bewußt zu gestalten und die damit verbundenen Kulturveränderungen in der Organisation verantwortlich und planvoll in Gang zu setzen, so daß die Mitarbeiter und Mitarbeiterinnen sich zunehmend aktiv daran beteiligen können.

Kommentar zum Fallbeispiel:

Stellt man die Beschreibung der Persönlichkeit des alten Leiters der Beschreibung der Kultur der Einrichtung gegenüber, so wird das Zusammenspiel deutlich:

alter Leiter	Einrichtung
kulturinteressiert	keine klare Struktur
organisiert Studienreise	Arbeitsabläufe gewachsen
Kenner der Antike	Entscheidungen unklar
charismatisch	kleine Königreiche
eitel	freundlicher, unverbindlicher
täglicher Kleinkram ist lästig	Umgang
auf Außenwirkung bedacht	wenig Gemeinsames
brillanter Repräsentant	kein Teamgeist
	Jeder kümmert sich um seine
	Angelegenheit
	Ansammlung von Individua-
	listen
	Front zwischen Verwaltung
	und Pädagogen
	Schwung und Ideen fehlen
↓	↓
Persönlichkeit mit starker	Individualisten
Prägung II (repräsentieren,	separierte Arbeitsbereiche
Außenwirkung, Eigen-	unklare Strukturen
interessen) und Anteilen von	keine gemeinsame Zielsetzung
Prägung I (Experte, einzig-	kein Gemeinschaftsgefühl
artige Kulturkenntnisse)	
Die Komponenten III (Struk-	
tur, Ordnung) und IV (Inte-	
gration, Atmosphäre) fehlen	
und können offensichtlich	
auch nicht vom Stellvertreter	
und Verwaltungsleiter kom-	
pensiert werden	

☞Koexistenz: leben und leben lassen

Betrachtet man nun die Persönlichkeitsausprägungen und Zielsetzungen der neuen Leiterin, so wird deutlich, welch ein Veränderungsprozeß auf die Einrichtung und ihre MitarbeiterInnen zukommt.

neue Leiterin:
engagiert
sachorientiert
klare transparente Abläufe
klare Verantwortlichkeiten
Expertin für Controlling
Überblick behalten
mit der Arbeit Spuren hinterlassen
steht ungern im Rampenlicht
geht vorbereitet in neue Situationen
Partizipation der MitarbeiterInnen

↓

starke Ausprägung der Komponente III (Struktur, Absprachen, Rahmen) mit Anteilen von IV (Arbeitsklima, alle einbeziehen)

Wenn der angestrebte Organisationsentwicklungsprozeß nicht in der Konfrontationsphase kippen soll, dann wird die neue Leiterin gut daran tun, wenn sie ihre Organisations- und Steuerungskompetenz dahingehend nutzt, unter Beratung von außen ein Klima zu schaffen, in dem es gelingt, alle an der Entwicklung des gemeinsamen Neuen zu beteiligen. Ein Machtkampf in Form eines Kulturkampfes dürfte unter den gegebenen Bedingungen von der neuen Leiterin wohl nicht zu gewinnen sein.

Mit diesem Buch wollten wir ...

> Das Wort „Lernen" bezeichnet
> zweifellos eine *Veränderung*
> irgendeiner Art. Zu sagen, um *was*
> *für eine Art* der Veränderung
> es sich handelt,
> ist eine schwierige Angelegenheit.
> *Bateson* 1985, 366

... Ihnen Gelegenheit geben, in verschiedenen Zusammenhängen Erkenntnisse zu den Themen Kommunikation und Kooperation zu gewinnen. Ob und was Sie aus dem Buch für sich mitgenommen haben, wissen wir nicht.

Unser Anliegen war es, Sie darin zu unterstützen, Ihre eigene Rolle zu finden und sie zu akzeptieren. Es braucht manchmal wirklich Mut, zu sich zu stehen, so wie man sich selbst erlebt. Dabei ist es sicherlich auf der einen Seite eine Binsenweisheit, daß es nur einen einzigen Menschen gibt, den man ändern kann, nämlich sich selbst. Auf der anderen Seite wäre schon viel gewonnen, wenn jeder aus seiner Persönlichkeit das herausholen wollte, was in ihr entwickelt werden kann.

Vielleicht konnten Sie aufgrund Ihrer Erkenntnisse eigene Verhaltensweisen verändern. Möglicherweise haben Sie erlebt, daß Sie durch Ihre Veränderungen zu Veränderungen in Ihrem Team oder in Ihrer Abteilung und damit in Ihrem Unternehmen beigetragen haben.

Das Lernen des einzelnen ist ein Beitrag zum Lernen und zur Entwicklung des Unternehmens. Jeder ist nicht nur für sein Lernen verantwortlich, sondern auch dafür, ob und wie er auf andere zugeht, also für seine Aktivität bzw. Nichtaktivität.

Vielleicht haben Sie beim Lesen des Buches aber auch erkannt, daß Sie sich an Ihrem Arbeitsplatz in Scheinkooperationen befinden, in denen kein wirklicher Austausch erfolgt, wo die Kommunikation an der Oberfläche verläuft, man sich nur zum Schein informiert, um formale Anforderungen zu erfüllen. Sollte dies der

Fall und aufgrund mangelnden Vertrauens nicht veränderbar sein, dann wünschen wir, daß es Ihnen gelingt, diesen Arbeitsplatz zu verlassen.

Dennoch, Kooperation ist immer ein Wechselspiel des gegenseitigen Aufeinander-Zugehens. Wenn Sie Vertrauen in Ihr Gegenüber haben und den ersten Schritt tun, brauchen Sie eine positive Resonanz Ihres Partners/Ihrer Partnerin, um weitere Schritte gehen zu können. Daraus entsteht das Vertrauen zur Weiterentwicklung der Beziehungen. Kooperation ist nur dann erfolgreich, wenn die andere Seite Kooperationsbereitschaft zeigt.

Es lohnt sich immer wieder, diesen Versuch zu wagen, denn auf die Dauer fühlen wir uns nur wohl in gelingender Kooperation.

Literaturverzeichnis

Adler, A., Menschenkenntnis (1927). Frankfurt/M. 1966

–, Lebenskenntnis (1929). Frankfurt/M. 1978

–, Die Technik der Individualpsychologie, Teil 2 (1930). Frankfurt 1974

–, Wozu leben wir? (1931) Frankfurt/M. 1979

–, Der Sinn des Lebens. (1933). Frankfurt/M. 1973

–, Typologie der Stellungnahme zu den Lebensproblemen (1935). In: Psychotherapie und Erziehung, Band III. Frankfurt/M. 1983a, S. 70–74

–, Vor- und Nachteile des Minderwertigkeitsgefühls (1935). In: Psychotherapie und Erziehung, Band III. Frankfurt 1983b, S. 33–39

Antoch, R. F., Lebensaufgaben. In *Brunner/Titze* (Hrsg.), Wörterbuch der Individualpsychologie. 2. Aufl. München 1995, S. 279–281

–, Von der Kommunikation zur Kooperation. Studien zur individualpsychologischen Theorie und Praxis. München 1981

Antons, K., Praxis der Gruppendynamik. Göttingen 1976

Bach, G. R./Wyden, P., Streiten verbindet. Spielregeln für Liebe und Ehe. 14. Aufl. Frankfurt/M. 1997

Bateson, G., Ökologie des Geistes. Frankfurt/M. 1985

Bauriedl, T., Verantwortung und Freiheit in Institutionen. In: *Pühl* (Hrsg.), Supervision in Institutionen. Frankfurt/M. 1996. S. 48–59

Becker, H./Hugo-Becker, A., Psychologisches Konfliktmanagement. 2. Aufl. München 1996

Blake, R. R./Shepard, H. A./Mouton, J. S., Managing Intergroup Conflict in Industry. Houston 1964

Brown, J., Practical Applications of the Personality Priorities. Washington 1976

Bruder-Bezzel, A., Geschichte der Individualpsychologie. 2. neubearb. Aufl. Göttingen 1999

Brühwiler, H., Situationsklärungen. Opladen 1996

Brunner, R./Titze, M. (Hrsg.), Wörterbuch der Individualpsychologie. 2. Aufl. München 1995

De Bono, E., Konflikte. 7. Aufl. Düsseldorf 1998

Decker, F., team working. 2. Aufl. München 1994

Delhees, K. H., Soziale Kommunikation. Opladen 1996

Deutsch, M., Konfliktregelung. Konstruktive und destruktive Prozesse. München 1976

Dreikurs, R., Selbstbewußt. Die Psychologie eines Lebensgefühls. 2. Aufl. München 1996

Duden, Band 5, Das Fremdwörterbuch. Mannheim 1990

Francis, D./Young, D., Mehr Erfolg im Team. 5. Aufl. Hamburg 1996

Frisch, M., Tagebuch 1946–1949. Frankfurt/M. 1979

Fröhlich, P., Kritisieren – aber richtig. München 1997

Fuchs-Brüninghoff, E., „Supervision" als individualpsychologisch orientierte Mitarbeiterberatung in der Erwachsenenbildung. In *Tymister* (Hrsg.), Individualpsychologisch-pädagogische Beratung. Beiträge zur Individualpsychologie, Band 13, München 1990, S. 69–92

–, Beratung von Menschen in Systemen. In: Zeitschrift für Individualpsychologie, 22.Jg., Heft 3/1997, S. 184–192

Gäde, E. G./Listing, T., Gruppen erfolgreich leiten. Mainz 1992

Garfield, C., Team Management. Funktionale Führung statt Hierarchie. München 1993

Gay, F. (Hrsg.), DISG-Persönlichkeitsprofil. 7. Aufl., Offenbach 1997

Geißner, H., Vom Oberflächen- zum Tiefenfeedback. In: *Slembek/Geißner* (Hrsg.), Feedback. Das Selbstbild im Spiegel der Fremdbilder. St. Ingbert 1998, S. 13–30

Glasl, F., Konfliktmanagement: ein Handbuch zur Diagnose und Behandlung von Konflikten für Organisationen und ihre Berater. Bern 1994

Gordon, T., Managerkonferenz. Effektives Führungstraining. Hamburg 1979.

Gröner, H., Der Jugendliche in der Ausbildung. In Berufsbildungswerk der Deutschen Versicherungswirtschaft (BWV) e. V. (Hrsg.), Ausbildung in der Versicherungswirtschaft. Grundsätze und Lösungshilfen für die Praxis und die Ausbilderprüfung. Karlsruhe 1991, S. 70–93

–, Der Jugendliche in der Ausbildung. In *Paulik* (Hrsg.), Der Ausbilder im Unternehmen. 11. Aufl., Landsberg 1988, S. 275–325

Haug, C. V., Erfolgreich im Team. München 1994

Heisterkamp, G., Geschwisterkonstellation. In *Brunner/Titze* (Hrsg.), Wörterbuch der Individualpsychologie. 2. Aufl. München 1995, S. 204–206

Herrmann, N., Das Ganzhirn-Konzept für Führungskräfte. Welcher Quadrant dominiert Sie und Ihre Organisation? Wien 1997

Höpfner, H.-D., Leittexte – ein Weg zu selbständigem Lernen. Berlin und Bonn 1991

James, W., Psychologie und Erziehung. Leipzig 1900

Janus, L., Wie die Seele entsteht. Unser psychisches Leben vor und nach der Geburt. München 1993

Kefir, N., Impasse-Priority-Therapie. In: *Corsini* (Hrsg.), Handbuch der Psychotherapie, Band 1. Weinheim 1983, S. 368–389

Kretschmer, E., Körperbau und Charakter. Berlin/Heidelberg 1977

Künkel, F., Einführung in die Charakterkunde (1928). Stuttgart 1975

Kupsch, P. U./Marr, R., Personalwirtschaftliche Konflikthandhabung. In *Heinen* (Hrsg.), Industriebetriebslehre. Entscheidungen im Industriebetrieb. 6. Aufl. Wiesbaden 1982, S. 547–573.

Luft, J., Einführung in die Gruppendynamik. Stuttgart 1971

Luhmann, N., Soziale Systeme. 4. Aufl. Frankfurt/M. 1994

Mahler, M. S./Pine, F./Bergmann, A., Die psychische Geburt des Menschen. Symbiose und Individuation. 78.–80. Tsd. Frankfurt/M. 1997

Neuhäuser-Metternich, S., Kommunikation im Berufsalltag. Verstehen und verstanden werden. München 1994

Pew, W., Die Priorität Nummer eins. In: *Kausen/Mohr* (Hrsg.), Beiträge zur Individualpsychologie, Band 1. München 1978, S. 124–131

Porep, R., Depression. In: *Brunner/Titze* (Hrsg.), Wörterbuch der Individualpsychologie. 2. Aufl. 1995, S. 86–89

Rau, H. R., Wenn der Chef geht. Zur Kulturveränderung in Organisationen bei einem Leitungswechsel. In: Organisationsberatung – Supervision – Clinical Management. Heft 1/1994. S. 55–67

Riemann, F., Grundformen der Angst. Eine tiefenpsychologische Studie. 179.–210. Tsd., München 1982

Ringel, E., Selbstmord. In *Brunner/Titze* (Hrsg.), Wörterbuch der Individualpsychologie. 2. Aufl. 1995, S. 434–441

Rißmann, M., Kooperationslernen in heterarchischen Teamstrukturen. In: *Zech, R.* (Hrsg.): Pädagogische Antworten auf gesellschaftliche Modernisierungsanforderungen. Bad Heilbrunn 1997, S. 90–113

Rogner, J., Individualpsychologische Typologien. In Zeitschrift für Individualpsychologie, 7. Jg. 1982, S. 1–13

–, Typologie. In *Brunner/Titze* (Hrsg.), Wörterbuch der Individualpsychologie. 2. Aufl. 1995, S. 510–516

Ruthe, R., Die Priorität Nummer Eins in der Paar-Therapie. In: Zeitschrift für Individualpsychologie, 6. Jg. 1981, S. 152–158

Rüttinger, B., Konflikt und Konfliktlösen. München 1977

Ruttkowski, W., Typologien und Schichtenlehren. Bibliographie des internationalen Schrifttums bis 1970. Amsterdam 1974

Sackmann, S., Organisationskultur: Die unsichtbare Einflußgröße. In: Gruppendynamik. Heft 14/1983. S. 393–406

Schirm, R. W., Strukturen der Persönlichkeit. Selbstanalyse mit dem Struktogramm®. 6. Aufl., Zürich 1982

Schoenaker, T., Wertskala zur Messung der Priorität und ihrer Probleme. In: Sprache – Stimme – Gehör, H. 8, 1984, S. 11–15

Schöpping, H. G., Gruppen-Leitung und gruppeneigene Führung. Praxistheoretische Modelle für methodisches Arbeiten in Gruppen. Wiesbaden 1982

Schottky, A./Schoenaker, T., Was bestimmt mein Leben? Wie man die Grundrichtung des eigenen Ich erkennt. Rosenheim 1988

Schreyögg, A., Organisationskultur und Supervision. In: *Pühl* (Hrsg.): Supervision in Institutionen. Frankfurt/M. 1996. S. 94–113

Schulz von Thun, F., Miteinander reden: Störungen und Klärungen. Psychologie der zwischenmenschlichen Kommunikation. 45. bis 54. Tsd., Reinbek 1985

Schwarz, G., Die „heilige Ordnung" der Männer: patriarchalische Hierarchie und Gruppendynamik. 2. Aufl. Opladen 1987

Senge, P., Die fünfte Disziplin. Stuttgart 1996

Slembek, E., Feedback als hermeneutischer Prozess. In: Slembek/Geißner: Feedback: Das Selbstbild im Spiegel der Fremdbilder. St. Ingbert 1998, S. 55–72

Sonneck, G., Lebenskrisen – Lebenschancen. In *Mohr* (Hrsg.), Individualpsychologie in der Bewältigung von Lebenskrisen. Beiträge zur Individualpsychologie, Bd. 6. München 1985, S. 99–105

Staehle, W. H., Management. 7. Aufl. München 1994

Titze, M./Gröner, H., Was bin ich für ein Mensch? Anleitung zur Menschenkenntnis. Freiburg/Br. 1989

Tymister, H. J., Beratung. In *Brunner/Titze* (Hrsg.), Wörterbuch der Individualpsychologie. 2. Aufl. München 1995, S. 59–63

Vester, F., Phänomen Streß. 15. Aufl. München 1997

Watzlawick, P., Die Möglichkeit des Andersseins. 2. Aufl. Bern 1986

–, Menschliche Kommunikation. 8. Aufl. Bern 1990

–, Gebrauchsanweisung für Amerika. München 1998

Wellershoff, D., Die Arbeit des Lebens. Köln 1984

Wexberg, E., Alfred Adlers Individualpsychologie und die sozialistische Erziehung. In Die Sozialistische Erziehung. Reichsorgan des Sozialdemokratischen Erziehungs- und Schulvereins „Freie Schule – Kinderfreunde", 4. Jg., Nr. 12, Wien 1924, S. 428–433

–, Arbeit und Gemeinschaft. Leipzig 1932

–, Individualpsychologie. Eine systematische Darstellung (1930). Stuttgart 1987

Willi, J., Die Zweierbeziehung. Reinbek 1975

Wolf, R., Intranet – aktuelle Info-Börse für alle. In management & seminar H. 9/98, S. 33–34

Personenverzeichnis

Stichwortverzeichnis

Beamtenrecht

BundesbeamtenG
BundesbesoldungsG
BeamtenversorgungsG
BundeslaufbahnVO
BundesdisziplinarO
Beihilfevorschriften

16. Auflage
1999

Beck-Texte im dtv

Der Start in den Beruf

Nasemann
Richtig bewerben

Praktische Hinweise für die Stellensuche, Inhalt und Form der Bewerbung, alle Rechtsfragen zu Vorstellungsgespräch und Einstellungstest.
....
4.A.1996. 144 S.
DM 9,90. dtv 50608

List
Neue Wege der Stellensuche

Wie Sie Ihre Chancen auf dem Arbeitsmarkt verbessern.
....
1.A.1997. 211 S.
DM 16,90. dtv 5897
....

BeamtenR · Beamtenrecht

BundesbeamtenG, BeamtenrechtsrahmenG, BundesbesoldungsG mit Anlagen, Beamtenversorgungs G, Bundesdisziplinarordnung, Beihilfevorschriften und weitere Vorschriften des Beamtenrechts, einschließlich des Reformgesetzes für das öffentliche Dienstrecht.
....
Textausgabe.
16.A.1999. 469 S.
DM 15,90. dtv 5529
....

Die argumentative Bewerbung

Tips für Stellensuche,
Bewerbung und Vorstellung
Von Georg Göpfert
4. Auflage 1999

Beck-Wirtschaftsberater im dtv

Göpfert
Die argumentative Bewerbung

Tips für die Stellensuche, Bewerbung und Vorstellung.
....
4.A.1999. 194 S.
DM 14,90. dtv 5818
....

Mensch und Beruf

Knieß
Kreatives Arbeiten

Methoden und Übungen zur Kreativitätssteigerung.

1.A.1995. 228 S.
DM 16,90. dtv 5873

Hugo-Becker/Becker
Motivation

Neue Wege zum Erfolg.

1.A.1997. 419 S.
DM 19,90. dtv 5896

Erfolgreich
im Team

Praxisnahe Anregungen und
Hilfestellungen für
effiziente Zusammenarbeit
Von Christoph V. Haug
2. Auflage

Beck Wirtschaftsberater im dtv

Haug
Erfolgreich im Team

Praxisnahe Anregungen und Hilfestellungen für effiziente Zusammenarbeit.

2.A.1998. 188 S.
DM 16,90. dtv 5842

Fuchs-Brüninghoff/Gröner
**Zusammenarbeit
erfolgreich
gestalten**

Kommunikation und Kooperation im Unternehmen.
Das Buch ist eine Anleitung für Vorgesetzte und Mitarbeiter, eigene Persönlichkeitsmerkmale und Fähigkeiten zu erkennen und sie sinnvoll zur Verbesserung der Kommunikation und Kooperation mit Mitarbeitern, Kollegen, Vorgesetzten und Kunden einzusetzen.

1.A.1999. Rd. 250 S.
Ca. DM 19,90. dtv 50834

In Vorbereitung für Sommer 1999

Hugo-Becker/Becker
**Psychologisches
Konfliktmanagement**

Menschenkenntnis –
Konfliktfähigkeit –
Kooperation.

2.A.1996. 375 S.
DM 19,90. dtv 5829

Neuhäuser-Metternich
**Kommunikation im
Berufsalltag**

Verstehen und verstanden werden.

1.A.1994. 300 S.
DM 16,90. dtv 5869

Mitarbeiter
einvernehmlich
führen
Von Hans Gerd Lobscheid
2. Auflage

Beck-Wirtschaftsberater im dtv

Lobscheid
**Mitarbeiter einver-
nehmlich führen**

2.A.1998. 253 S.
DM 16,90. dtv 5848

Professionelle
Gesprächsführung
Ein praxisnahes Lese-
und Übungsbuch
Von Christian-Rainer Weisbach
4. Auflage 1999

Beck-Wirtschaftsberater im dtv

Weisbach
**Professionelle
Gesprächsführung**

Ein praxisnahes Lese- und Übungsbuch.
Tips für Führungskräfte und Berater.

4.A.1999. 416 S.
DM 19,90. dtv 5845

Jeske
Erfolgreich
verhandeln

Grundlagen der Verhandlungsführung.
Dieses Werk stellt einerseits die strategischen Momente der Verhandlungsführung dar, verdeutlicht andererseits die Interaktionsaspekte, die für die Zielerreichung in Verhandlungssituationen erfolgreich gestaltet werden können.

1.A.1998. 238 S.
DM 16,90. dtv 50824

Briese-Neumann
Erfolgreiche
Geschäfts-
korrespondenz

Perfektion in Form, Stil und Sprache.

1.A.1996. 280 S.
DM 18,90. dtv 5878

Briese-Neumann
Optimale
Sekretariatsarbeit

Büroorganisation und Arbeitserfolg. Ein Leitfaden für Chefs und Sekretariatsmitarbeiter. Das Werk stellt die wichtigsten Arbeitsabläufe und Strukturen eines Sekretariats dar und zielt auf die Optimierung der Zusammenarbeit zwischen Chef und Sekretärin. Praktische und umsetzbare Informationen mit Checklisten, Tips und Beispielen.

1.A.1998. 308 S.
DM 19,90. dtv 50804

Schmitt
Streß erkennen
und bewältigen

Effektive Gegenstrategien.

1.A.1992. 200 S.
DM 12,80. dtv 5855

Schanz/Gretz/Hanisch/
Justus
Alkohol in der
Arbeitswelt

Fakten – Hintergründe –
Maßnahmen.

1.A.1995. 281 S.
DM 16,90. dtv 5879

Neuhäuser-Metternich
Kommunikation
im Berufsalltag

Verstehen und Verstanden werden
Von Dr. Sylvia Neuhäuser-Metternich

dtv-Band 5869
1994. XIII, 287 Seiten. Kartoniert DM 16,90

Soziale Konpetenz zählt zu den Schlüsselqualifikationen für Erfolg im Beruf. Kommunikatives Verhalten spielt dabei eine entscheidende Rolle. Die Autorin zeigt detailliert und konkret die Elemente auf, durch deren Kenntnis sich kompetente Kommunikation verwirklichen läßt:

- die verschiedenen Kommunikationswege im nichtsprachlichen (Körpersprache, Symbole und Rituale) und sprachlichen Bereich anhand zahlreicher Abbildungen
- stimmiges Kommunikationsverhalten als Grundlage tragfähiger Beziehungen und damit des Abbaus von Mißtrauen und mangelnder Leistungsbereitschaft (mit vielen Fallbeispielen)

Im Umgang mit Kunden, Kollegen, Mitarbeitern und Vorgesetzten kann jeder diese wertvollen Informationen und Anregungen nutzen.

Aus den Rezensionen:
„... verdeutlicht dem Leser schrittweise nicht allein die ganze Bandbreite, sondern auch das vielschichtige Wirkungsspektrum der Kommunikation ..."

(Hartmut Volk,
Blick durch die Wirtschaft vom 22. 3. 1994)

Die Autorin Dr. Sylvia Neuhäuser-Metternich ist Dipl.-Psychologin und Lehrbeauftragte an der Fachhochschule Rheinland-Pfalz.

A 5321